영어 적기교육의 비밀

영어 적기교육의 비밀

대치동 학원 없이 아이비리그 보낸 18년 영어교육 바이블

오화진 지음

브리드북스

"제대로 된 교육을 시키고 싶다."

아이를 키우며 늘 이런 생각을 했다. 내가 받은 교육을 돌아보면 아쉬운 점이 많았기 때문이다. 나는 중학교 1학년 때부터 영어를 소리가 아닌 문자로 배우기 시작해서 그런지 아직도 영어 듣기에 어려움을 느낀다. 수학은 미분·적분이 왜 필요한지, 어디에 쓰이는지도 모르면서 그냥 배웠고, 대학에 들어간 이후에는 배운 내용을 완전히 잊어버렸다. 나는 아이가 미술이나 음악을 단순히 학교에서 배우는 '과목'이 아니라, 그것이 무엇인지 알고 즐길 수 있기를 바랐다. 국어와 영어와 수학도 마찬가지였다. 그래서 내가 생각하는 '제대로 된 교육'이 무엇인지 탐색하며 아이와 18년을 함께했다.

그 아이가 올해 대학에 들어갔다. 평범한 초등학교 생활을 보낸 아이는 추첨에 당첨되어 들어간 국제중학교를 전교 1등으로 졸업하는 성과를 거두었다. 원하는 대학에 가기 위한 방법을 고민하며 지원한 외대부고용인한국외국어대학교부설고등학교에 합격했고, 3년 내내 전 과목 A를 받았다. 그리고 마침내 목표로 했던 미국 컬럼비아 대학교Columbia University in the City of New York에 합격했다.

처음부터 이런 결과를 기대했던 것은 아니다. 그저 매 순간 '이번 터널을 지나면 어떤 빛, 어떤 풍경과 마주하게 될까' 하는 기대와 우려를 품고 한 걸음씩 나아가다 보니 여기까지 왔다. 제대로 된 교육을 고민한 엄마와 아빠, 그리고 자기만의 색깔을 지닌 한 아이가 함께 살다 보니 만나게 된 풍경이라고 생각한다.

이 책의 1부에서는 이렇게 겉으로 드러난 결과의 이면을 조금 들여다보고자 한다. 어떻게 전교 1등을 했는지, 어떻게 외대부고와 아이비리그 대학에 합격했는지 그 과정과 스토리들을 나누려 한다. 그리고 내가 나름 나침반 삼아 실천해 온 철학과 원칙을 정리해 보았다. 이 과정을 살펴보며 육아와 교육에 대한 작은 아이디어나 힌트를 얻을 수 있다면 좋겠다.

2부에서는 내 전공 분야인 자녀 영어교육을 좀 더 깊이 다룬다. 영어 전공자이자 영어 교사이며, 엄마표 영어로 아이를 아이비리그에 보낸⑺ 학부모로서, 지금까지의 경험과 생각을 모두 담아 18년 자녀 영어교육 로드맵이 될 수 있는 도표를 만들었다. 그리고 OK 잉글리시 매트릭스OK English Matrix라고 이름 지었다. 이 도표는 조기교육으로 아이를 지치게 하지 않으면서, 적기교육으로 영어 잠재력potential을 키워 '수능 영어 1등급' 실력으로 이어지게 하는 방법을 안내한다. 영어만 바라보지 않고 아이를 먼저 바라보는 영어교육이 결국 영어 실력을 가장 단단하게 키울 것이라 믿는다.

3부에서는 그동안 받아온 영어교육 관련 질문들을 모아, 자세한 답변과 실행 가이드를 제시했다. 이 책을 통해 자녀교육과 영어교육에 대해 보다 넓고 새로운 시야와 든든한 나침반을 얻는 계기가 되기를 바란다. 영어보다 아이를 먼저 바라보며 오늘 하루를 채워갈 수 있기를 바란다.

오화진

Ok
EngLiSh
MatriX

1부

점에서 선으로, 배움이 자라다

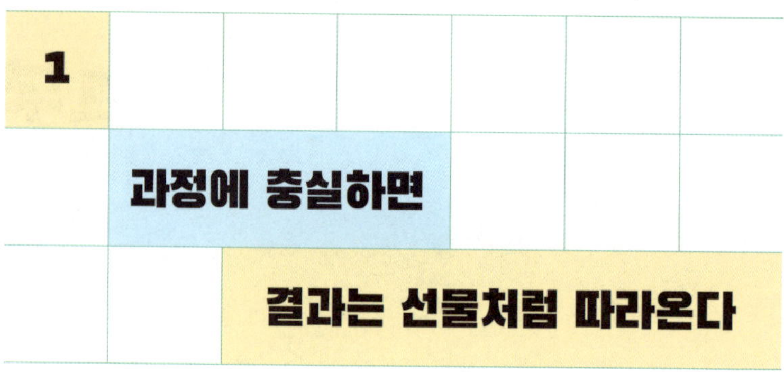

: 국제중 입학에서 예상치 못한 전교 1등 졸업까지

'진인사대천명 盡人事待天命.'

할 수 있는 만큼의 노력을 다하고, 결과는 하늘에 맡긴다는 옛말이 있다. 맞는 말이지만 사실 다소 뻔하게 들리는 말이기도 하다. 그런데 내 아이가 학교생활을 거쳐가는 모습을 지켜보니, 이 말이 그냥 고사성어가 아니라 살아있는 진리구나 하고 새삼 느꼈다.

아이는 용인에 있는 이름에 '계곡 곡谷'자가 들어가는 조그마한 초등학교에서 학창시절을 시작했다. 3년을 다닌 후, 서울 성북구에 있는 전교생이 300명 남짓한 더 조그마한 초등학교로 전학해 그곳에서 졸업했다.

초등학교 시절, 아이는 예체능을 좋아해 매주 미술 학원, 피아노 레슨, 태권도 학원에 다녔고 영어도서관에 종종 갔다. 국어와 수학, 사회와 과학은 학교 진도에 맞춰 시험 준비를 하는 정도이지 따로 학원에 다니지는 않았다.

국어는 도서관과 서점을 다니며 주로 책을 읽었다. 나는 늘 학교 도서관 봉사를 했다. 엄마가 학교 도서관에 있으면, 아이가 사서 선생님과도 친해지고, 한 번이라도 더 도서관에 들르는 것 같다. 같은 언어교육이기 때문에 영어도 주로 영어책을 읽었다. 집 근처 구립 영어도서관에서 운영하는 책읽기 수업에 참여했다. 사회와 과학은 학교에서 배우는 내용 위주로 시험공부를 하고 독서를 통해 관련 내용을 익혔다. 사실 아이들은 사회와 과학은 유행하는 학습만화 등을 통해 배경지식을 더 많이 익히는 것 같다.

수학만큼은 나도 아이를 학원에 보내고 싶었다. 수학은 본인이 관심이 없으면 좀처럼 접하기 힘든 과목이기 때문이다. 하지만 남편의 생각은 달랐다.

'수학 학원에 가면 창의력과 사고력이 죽는다', '수학 공부는 원리를 이해하고, 문제해결력을 키우는 과정이므로 스스로 해야 한다'고 생각하는 아이 아빠 때문에 수학 학원은 얘기도 꺼내지 못했다. 어쩔 수 없이 아이는 학교 진도와 시험만 대비하는 정도로 수학 공부를 했다. 다행인지 불행인지, 아이가 다닌 초등학교에서 요구하는 수학 학업 역량은 그리 높지 않았다. 심화문제는 거의 없었고, 배운 내용을 이해하고 있는지만 확인하는 정도였다.

과정에 집중하는 공부

국제중 역시 시험이 아닌 추첨으로 들어갔다. 국제중을 시험 봐서 들어가야 했다면 아이는 아예 지원조차 하지 않았을 것이다. 지원한 국제중은 자기소개서나 면접이 없었다. 집에서 가까운 거리에 학교가 있어 한번 지원해 봤는데 아파트 당첨처럼 덜컥 합격해 버렸다. 아이는 새로운 환경이 주는 설렘보다 걱정이 앞서는 듯 보였다.

'수학이며 영어며 엄청 잘하는 아이들이 많을텐데, 내가 잘할 수 있을까?'

이런 우려와 함께 중학교 생활을 시작했다.

영훈국제중학교는 수행평가가 절반 이상을 차지하고, 사교육을 지양하며, 숙제가 많아 '영훈숙제중'으로 알려진 학교였다. 아이가 중학생이 된 후로는 바쁜 일정으로, 사교육은 주1회 1시간 피아노 레슨이 전부였다.

국어는 한 학기에 책을 여덟 권 읽고 글을 쓴 후 발표하고 토론했다. 영어는 한 학기에 원서 한 권을 읽으며 토론하고 발표했다. 사회와 과학도 마찬가지로, 한번 발표 수행을 하면 기본적으로 일인당 6~8분씩 발표를 해야 했다. 그야말로 '내신학원'이 있기 힘든 구조였다.

특히, 아이의 수학 공부는 중3 때까지 주로 엄마인 나와 함께 했는데, 그러고 싶어서 그렇게 된 건 아니었다. 다만, 위에서도 언급했지만 학원에 다니면서 수학 공부를 하면 큰일 나는 줄 아는 아이 아빠 때문에 아이를 학원에 다니게 할 수 없었다.

나는 '왜 내가 이 나이에 다시 중학교 수학 과정을 들여다봐야 하느냐'는 불만이 있기도 했다. 하지만, 아이가 수학이라는 산을 오르는 과정을 도와준다는 데에 의의를 두고 아이가 공부할 때 진도를 체크해 주거나 채점을 해 주곤 했다. 스스로 채점을 하는 것도 중요하지만, 아이는 채점하는 과정에서 정답을 보게 되는 것을 싫어해서 나에게 채점을 부탁했다.

중학교 입학 후 아이가 처음부터 나와 함께 수학의 여정을 시작한 건 아니었다. 예비 중1, 초등학교 마지막 방학 때도 아이는 아빠 덕분에 열심히 놀았다. 사교육 시킬 돈으로 여행 가는 것이 훨씬 교육적이라고 믿는 아빠를 따라 여행을 다녀오느라 신입생 오리엔테이션에도 불참했다. 중학교 입학 후에도 나는 아이의 학업이 내심 걱정되었지만, '스스로 알아서 하겠거니' 하고 그냥 지켜만 보고 있었다. 아이는 '나는 수학을 못해'라며 수학 수업 시간을 두려워했다. 그리고 중1 5월, 우리는 아이가 '상상수학'을 하고 있는 현실을 발견했다.

방정식을 배우는 때였던 것 같다. 아이가 수학을 너무 힘들어해서, 수학 숙제를 한번 같이 해 보자고 하여, 학교에서 나눠 준 프린트물을 살펴보고 있었다. 거기에는 '$2x-3$'이라는 식이 쓰여 있었다. 나에게는 그리 어려워 보이지 않는 식이었다. 아이는 이것을 이렇게 이해했다. '$-6x$'. 나는 어안이 벙벙해 '이게 뭔가' 하는 의문에 빠졌다. 아이는 왜 '$2x-3=-6x$'라고 생각할까.

아이와의 대화를 통해 나는 아이가 '$2x$'는 '2 곱하기 x'라는 뜻으로 '곱하기'가 생략된다는 내용을 수업시간에 들었다는 것을 발견했다. 그걸 기억하고, 모든 숫자 사이에 곱하기가 생략되었다고 생각한 것이다. 그래서 '$2x-3$'은 '2 곱하기 x 곱하기 -3'이므로 '$-6x$'가 되는 식이었다. 나는 아이의 상상력에 놀라지 않을 수 없었다. 그 이후 우리는 이것을 상상수학이라 불렀다.

중1 5월 아이의 상상수학 이후, 우리는 같이 서점에 가서 수학 문제집을 고르고, 내가 진도를 체크해 주는 방식으로 수학 공부를 시작했다.

'수학은 산을 오르는 것과 같아 단번에 올라갈 수 없다', '평소에 체력을 키워 놓고, 꾸준히 올라가 놓아야 시험기간에 감당할 수 있는 과목이다'라고 아이와 나는 합의를 보았다. 아이는 평소에 수학 공부를 꾸준히 해 놓고, 시험기간에는 남겨 놓은 총정리 문제 위주로 공부했다.

평소에 하는 수학 공부와 각 과목 수행평가와 함께 지필고사도 최선을 다해 준비했다. 매 순간 '완벽하게 잘하자'라는 생각보다 '빵구 내지 말자'라는 생각으로 '그냥 하는' 데에 의의를 두었다. 아이가 가끔 힘들어하는 모습을 보일 때면, '시험은 공부를 하라고 주는 기회이다', '시험 후 공부하면 억울하니 시험 전 공부하자'라는 말을 건넸다.

아이들은 기본적으로 '잘하는 것'과 '칭찬받는 것'을 좋아한다. 그래서 자신이 달성하고 싶은 목표에 도달하지 못할까 봐 중간에 아예 포기하기도 한다. 그러나 결과에 너무 중점을 두지 말고 과정에 의미를 두도록 조금만 응원해 주고 곁에서 지지해 주면 아이들은 앞으로 나아갈 힘을 얻는다.

아이는 음·미·체 과목을 워낙 좋아했다. 음악을 좋아해 교내 밴드부에서 키보드를 담당했고, 중학교 2학년 때는 피아노 콩쿨에 나가 쇼팽의 『즉흥환상곡』을 연주해 1등을 하기도 했다. 아이는 점심시간에 운동장에 나가 피구를 하는 몇 안 되는 여학생 중 한 명이었다. 심지어 고등학생 때는 반에서 유일하게 줄넘기 쌩쌩이를 할 줄 아는 여학생이었다. 모두 초등학생 때 태권도장에서 피구와 줄넘기 훈련을 한 덕분이었다. 중학교 3학년 때는 '사진반'에서 활동하는 등 아이는 공부 외에 자신이 좋아하는 것을 발견하고 즐기며 생활했다.

예상치 못한 전교 1등 졸업

중학교를 전교 1등으로 졸업할 계획은 애초에 없었다. 3학년 말, 아이가 받아 온 3개년 성적표의 석차에 1이라고 적힌 것을 보고도 우리 가족은 그것이 전교에서 유일하게 1등이라는 뜻이라고 이해하지 못했다.

나는 심지어 아이에게 이렇게 말했다.

"전과목이 올A이면 모두 1등으로 찍힐 거야. 너희 학교는 수십 명이 전교 1등으로 찍혀 있을 거야. 잘 알아 봐."

그때만 해도 우리는 성적표에 적힌 숫자의 의미를 대수롭지 않게 여겼다. 그러나 시간이 지나고 나서야 비로소 그것이 전교에서 유일하게 1등이라는, 뜻밖의 결과였음을 알게 되었다.

지금 와서 보니, 많은 학생과 학부모들은 중학교 전교 1등에 애초부터 별로 관심이 없었던 것 같다. 대학 입시와 직접 연결되지 않기 때문이다. 그래서 중학교 때부터 대입에 도움이 되는 선행

학습에 집중했을 수도 있다. 반면 아이는 중학교 동안 고등학교 수학 선행이나 수능 공부를 하지 않고, 중학교 현행 교육 과정을 충실히 따라갔다. 그리고 뚜껑을 열어 보니 결과는 뜻밖에도 전교 1등이었다.

'선행이 아니라 현행을 하면 전교 1등을 한다'라든가 '현행하여 전교 1등 하자'라는 이야기를 하고 싶은 것이 아니다. 아이가 어떤 목표를 세우느냐에 따라 선행을 할 수도 있다. 또 중학교 전교 1등은 대학 입시에 바로 연결되지는 않으므로 중학교 등수에 크게 신경 쓰지 않아도 사실 상관없다.

다만 우리 경험을 통해 말하고 싶은 것은 다른 데 있다. 성적표의 숫자보다 더 중요한 것은 지금 배우는 과정을 충실히 밟아 나가는 힘이라고 생각한다. 과정에 집중하고, 자신의 속도에 맞춰 한 걸음씩 꾸준히 나아가다 보면, 예상치 못한 순간에 결과는 선물처럼 찾아온다. 우리 가족에게 아이의 중학교 전교 1등은 기대하지 못한 하나의 사건이자 뜻밖의 선물이었다.

2

플랜A가 아니면

플랜B, 플랜C

우리나라 학생과 학부모가 고교 진학 시 외대부고를 선택하는 가장 큰 이유는 아마도 서울대 진학을 기대해서일 것이다. 매년 서울대에 가장 많은 학생을 보낸 고등학교로 외대부고가 언급되기 때문이다. 그러나 아이는 조금 다른 이유로 외대부고 진학을 계획했다.

중3이 다가오는 겨울방학을 앞두고 우리 가족은 고민에 빠졌다. 앞으로 어떤 고등학교에 가서 대학을 준비할 것인가. 고등학교 선택은 단순히 학교를 고르는 문제가 아니었다. 고등학교는 대학에서의 전공과 그 이후의 직업, 그리고 삶의 방향과 깊이 연결되어 있었기 때문이다.

무엇보다도 우리 가족은 100% 선다형 문제 위주에 수학의 중요성이 매우 높은 수능을 3년 동안 준비하는 것에 상당히 회의적이었다. 놀기 좋아하고 재미를 추구하는 아이가 수능 공부를 착실하게 할 수 있을지도 의문이었다. 그보다는 아이가 잘하는 부분을 다채롭게 향상시킬 수 있는 교육을 경험하게 해 주고 싶었다. 대학 준비 과정 자체가 인생에 도움이 되었으면 했다. 그래서 눈을 돌려 해외 대학 진학을 생각하게 되었다.

선택지는 늘 열려 있다

미국 대학 입시는 학교 성적도 좋아야 하지만 교과 외의 클럽 활동, 다양한 경험, 그리고 무엇보다도 자신의 이야기를 써 내려가는 에세이가 중요해 입시를 준비하는 과정만으로도 글쓰기 실력을 키울 수 있다.

해외 대학에 진학하려면 국제학교에 들어가 미국이나 영국 대학 또는 그 밖의 대학 입시를 준비하는 게 좋을 것 같았다. 그래서 고려한 것이 서너 가지가 된다. 이 과정에서 무엇보다 아이에게 강조하고 싶었던 것은 '선택지는 언제나 여러 갈래로 존재한다'는 사실이다.

아이에게도 늘 말했다. 인생의 길은 하나가 아니다. A라는 길이

막히면 B가 있고, C도 있으며, 때로는 전혀 예상치 못한 D가 기다리기도 한다. 아이들이 이 사실을 알게 될 때, 마음의 여유가 생기고 도전할 용기가 생긴다. 꼭 이 길이어야 한다는 집착 대신, 이 길도 괜찮고, 다른 길도 있다는 사고가 가능해지는 것이다.

플랜A. 우리 가족이 처음으로 눈여겨본 것은 외대부고의 국제계열이었다. 우리나라 외고 외국어고등학교 초창기에는 해외 대학을 준비하는 과정이 있었으나 현재는 거의 없어지는 추세다. 하지만 외대부고는 한국외국어대학과 연관된 학교라 해외 대학을 준비하는 국제계열을 여전히 운영하고 있다.

외대부고의 장점은 많았다. 우선 용인에 있어서 그나마 우리 가족이 서로 가깝게 거주할 수 있었다. 학비도 다른 국제학교와 비교해서는 부담이 적었다. 그리고 다행히도 중학교 성적이 올A를 유지하고 있어 지원 자격 면에서도 큰 무리가 없었다. 그래서 중3이 되는 봄부터 외대부고 국제계열에 지원할 계획을 세웠다.

플랜B. 외대부고를 플랜A로 정했지만, 그만큼 준비해야 할 과정이 만만치 않았다. 자소서 자기소개서를 쓰고 면접도 준비해야 했다. 떨어질 확률이 컸다. 그래서 플랜B가 있어야 했다. 아이는 10월생이라 만일 국제학교에 들어간다면 반년 정도의 시간 여유가 있었다. 우리나라는 3월에 고1이 되지만, 국제학교는 9월에 고1로 입학하면 되는 것이다. 그래서 세운 플랜B는 송도나 제주도의 국제학교였다. 물론 거리가 좀 멀고 학비도 비싸지만, 아이가 그나마 하나이니 맞벌이를 하면 되지 않을까 생각했다.

그 밖에도 해외 고등학교를 알아볼 수도 있었고, 우리나라 일반 고등학교에 들어가 길을 모색해 볼 수도 있었다. 우리는 아이에게도 이렇게 말했다.

"혹시 외대부고에 떨어지더라도 괜찮아. 플랜B, 플랜C, 플랜D까지 있으니까."

여러 선택지를 두자 아이도 안도감을 얻은 듯했다. 일단은 외대부고 진학에 총력을 기울여 보자고 의견을 모았다.

자소서로 써 내려간 아이의 성장 지도

외대부고에 지원하기 위해서는 첫째, 학교 성적이 계속 A를 유지해야 했다. 그래서 학교 공부를 열심히 했다. 둘째, 자소서를 써야 했다. 자소서는 아이의 15년 인생을 돌아보고 자신이 가장 관심과 열정을 가진 분야를 파악한 후 그것을 위해 지금까지 해 온 것들과 앞으로 하고 싶은 것들을 총정리하는 작업이었다.

우리는 이 작업을 단순히 입시용으로만 보지 않았다. 앞으로 대학 입시와 취업 과정 등 많은 부분에서 자소서를 써야 할 것이기에 미리 한번 정리해 본다는 마음으로 자소서를 준비했다. 그래서 힘들어할 때마다 아이에게 이렇게 말했다.

"3년 뒤엔 대학 입시를 위해 네 18년 인생을 정리해야 해. 지금은 15년만 정리하는 거니까 오히려 연습이라고 생각하자."

아이와 함께 모든 과목과 활동을 나열해 놓고 그 안에서 무엇이 쓸 만한지, 무엇이 아이의 관심과 열정을 드러내는지를 찾아보았다. 자소서를 쓰는 과정은 결국 '점들을 연결하는 일'이었다. 평소에는 흩어져 있던 경험들이 한데 모여 아이만의 이야기가 되었고, 그것이 고입을 넘어 인생을 바라보는 훈련이 되었다.

일단 방향은 잡았지만, 아이가 의젓하게 고등학교 입시를 준비한 것은 아니다. 하루가 멀다하고 "내가 고등학교에 붙어도 잘 따라갈 수 있을까?", "아무래도 일반 고등학교에 가야 할 거 같아"라며 수시로 흔들렸다. 나는 그런 모습을 보면서 "그러려면 때려치워"라는 말이 목구멍까지 올라왔지만 그 말은 절대 하지 않았다.

아이들이 이런 모습을 보이는 것은 목표하는 고등학교에 들어가기 싫어서가 아니라, 여러 가지 두려움이 수시로 엄습하기 때문이다. 나는 15년의 육아 과정을 통해 아이가 아무리 힘들어 해도 부모가 아이에게 "때려치워"라는 말을 할 자격은 없다는 사실을 깨달았다.

아이는 피아노 연습을 하기 싫어해서 나는 수시로 "때려치워"라는 말을 하고 싶었지만, 아이는 꾸역꾸역 연습을 계속해 나갔고 결국은 밴드부를 할 정도로 피아노를 잘 치게 되었다. 영어책 읽기를 싫어해서 "그러려면 때려치워"라는 말이 맴돌았지만 꾹 참았더니, 현재 아이는 나의 영어실력을 무시할 정도로 영어를 잘하게 되었다. 우리 아이들은 스스로 포기하지만 않으면 무엇이든지 잘하게 되어 있다. 부모의 역할은 옆에서 아이가 포기하지 않게 기다려 주고 응원해 주는 것이 아닐까.

뜻이 있는 곳에 길이 있다

영훈국제중에는 매 방학마다 '연구과제'라는 방학숙제가 있었다. 필수는 아니지만, 제출하면 다음 학기에 우수 과제를 시상했다. 아이는 매번 제출하지는 않았지만, 중학교 1학년 때부터 꾸준히 주제를 고민하고 몇 편을 써 왔다. '조선시대 왕을 통해 배우는 리더십', '재미란 무엇인가' 같은 글들이었다. 이런 과정은 단순한 숙제 이상의 의미가 있었다. 스스로 관심사를 좇아 탐구하고 글로 풀어내는 훈련이 되었기 때문이다.

중3 여름방학에는 연구과제를 반드시 쓰고자 주제를 열심히 고민했다. 중3 여름방학 때의 연구주제는 자신의 관심사를 십분 반영하여 고입 자소서와 대학 전공 선택에 지대한 영향을 미칠 것이었다. 아이는 방학 4주 중 2주는 연구주제를 고민하고, 2주는 연구과제를 작성했다. 고심 끝에 정한 연구주제는 '헐리우드 영화에 나타난 인종문제: 화이트워싱, 블랙워싱'. 사회, 역사, 영화, 문학이 모두 연결되는, 아이가 진짜로 흥미와 문제의식을 가진 주제였다.

화이트워싱Whitewashing은 백인이 아닌 인물을 백인 배우가 연기하는 것을 뜻한다. 예를 들어, 몽골 제국의 칭기즈 칸을 미국의 상징적인 카우보이 백인 배우인 존 웨인John Wayne이 맡은 경우다. 반대로 블랙워싱Blackwashing은 원래 백인으로 묘사되어 온 캐릭터를 유색인종 배우가 맡는 것을 말한다. 최근 '인어공주' 실사판에서 흑인 배우가 주인공을 연기한 것이 대표적인 예다.

연구과제를 준비하면서 아이는 이에 맞춰 자소서를 쓰고, 예상 질문 100개를 뽑아 면접을 준비했다. 그리고 그해 겨울 플랜A에 성공했다.

'뜻이 있는 곳에 길이 있다.'

이 말은 교육에서도 예외가 아니다. 아이가 진심으로 관심 있고 오래 탐구하고 싶은 분야를 중심에 두면, 그 관심이 곧 길을 만들어 준다.

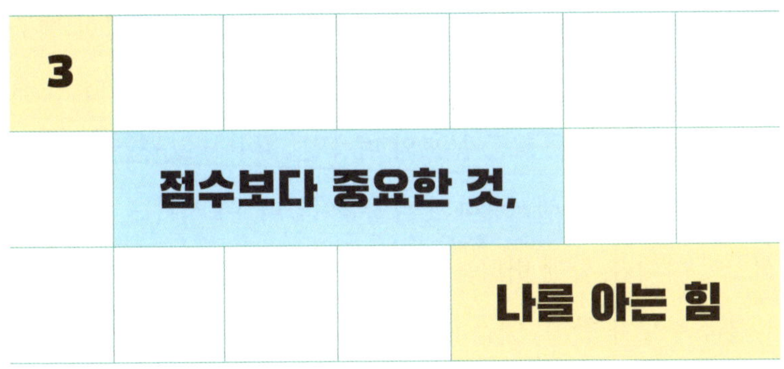

: 미국 아이비리그 도전에서 합격까지

아이의 고3 시절이 지나간 뒤, 나는 농담 삼아 이렇게 말했다.

"학부모는 두 부류로 나뉜다. 고3을 겪은 학부모와 아직 겪지 않은 학부모."

그 말만큼이나 고3을 둔 집안은 통과의례 같은 시간을 견뎌야 한다. 이 시기에는 부모의 어떤 말도 아이 마음에 닿지 않는다. "핸드폰 그만 해라", "게임 좀 그만해라", "나중에 후회한다" 같은 말들은 공허하게 흩어질 뿐이다.

고3을 의젓하게 스스로 공부하면서 잘 보내는 학생도 있겠지만 적어도 내 자녀는 아닐 확률이 높다. 내 아이도 바깥에서는 의 젓해 보였지만, 집에서는 달랐다. 가장 가까운 엄마 앞에서는 내

면의 불안과 불만을 고스란히 쏟아냈다. 나는 마치 '우아한 백조의 물밑 발길질을 가장 가까이에서 접하는 물고기' 같았다. 그게 아마 고3 자녀를 둔 모든 부모의 마음일 것이다. 고3은 성적보다도 인내와 관계를 테스트하는 시험장이었다. 이 시기는 가르치는 시간이 아니라, 함께 버티는 시간이다.

결국 부모가 할 수 있는 일은 단순하다. 그동안 쌓아온 신뢰와 친밀감을 바탕으로 그저 옆에서 묵묵히 지켜봐 주는 것. 함께 버티며 흔들리지 않고 곁을 내주는 것뿐이다. 그 모습은 마치 북한산 백운대 마지막 바위 능선을 오르는 길과도 닮아 있다. 말없이, 조심스럽게, 그러나 끝내 포기하지 않고 발걸음을 이어가는 것. 부모와 자녀가 함께하는 고3의 시간은 바로 그런 길이었다.

아이가 잘할 수 있는 무대를 찾아서

외대부고 국제계열에서 미국 대학을 준비하는 일은 생각보다 쉽지 않았다.

먼저, 1학년 과정부터 벽이 있었다. 국어와 한국사 등 공통 교육과정을 모두 이수해야 했기 때문에, 본격적인 미국 대학 입시 준비는 2학년이 되어서야 가능했다. 미국 현지 학생들이나 국제학교 학생들이 중3(9학년) 때부터 약 3년 반 동안 차근히 준비하는 것에 비하면, 외대부고 학생들의 준비 기간은 절반에 불과했다.

또한 시험 일정의 간극도 컸다. 미국 대학 입시에 중요한 AP Advanced Placement 시험은 매년 5월에 치러지지만, 한국 학교의 새 학년은 3월에 시작된다. 결국 수업을 거의 듣지 못한 상태에서 혼자 공부해 시험을 치러야 했다. 2학년에 AP 과목을 수강한다 해도, 두 달 남짓 수업을 듣고 바로 시험을 봐야 했다. 반면, 국제학교 학생들은 9월에 학년이 시작되어 다음 해 5월까지 충분히 수업을 듣고 대비할 수 있다.

이런 제도적 차이 속에서 아이는 스스로 공부법을 만들어야 했다. 한쪽은 1년 동안 준비하는 마라톤이라면, 우리는 두 달 만에 완주해야 하는 단거리 달리기였다. 어쩔 수 없이 온라인 강의를 수강하는 등 전략적으로 공부계획을 수립하고 자기주도적으로 이행해 나갈 수 밖에 없었다. 정해진 길이 아니라, 주어진 여건 속에서 최선을 다해 자신만의 길을 만들어 가야 했기 때문이다.

물론 외대부고의 장점도 있다. 해외 대학에 지원할 때에는 출신학교의 이름과 각종 수상 경력을 자유롭게 기재할 수 있다. 외대부고 학생들은 이미 고등학교를 입시로 들어온 학생들이라 실력을 한번 검증받았다는 점을 해외 대학에 마음껏 드러낼 수 있다. 또한 국제계열의 규모가 50명 남짓이라 학생 개개인에 대한 관리도 비교적 세밀하다. 입시를 전담하는 지도 교사 college counselor와 각 과목 선생님들이 학생의 성향과 진로를 세심히 살펴 지도한다. 덕분에 학생들은 자신이 원하는 대학과 전공 방향을 구체적으로 설정하며 성장할 수 있다.

우리나라에서 대학을 준비할 때 내신, 수능, 학교생활기록부가 필요하듯, 미국 대학 입시에도 그에 해당하는 여러 요소들이 요구된다. GPA Grade Point Average라는 성적 지표, 학과 선생님들의 추천서, 지원서에 첨부하는 에세이, 그리고 학술·예술·리더십·봉사 등 교과 외 활동, 마지막으로 SAT·TOEFL·AP 같은 각종 시험 점수가 그것이다.

하지만 이 모든 스펙을 갖추는 것보다 더 중요한 것은, 그것들이 각 대학이 추구하는 인재상과 얼마나 맞닿아 있느냐 하는 점이다. 점수와 기록은 기본적인 문을 열어 줄 뿐, 결국 대학은 지원자가 어떤 사람인지, 무엇을 중요하게 생각하며 살아왔는지를 보고 싶어 한다. 그래서 입시는 단순한 준비 과정이 아니라, 자신이 누구인지 이해하고 보여 주는 과정이기도 하다. 아이가 쌓아 온 학업과 경험, 그 속에서 드러난 가치관이야말로 대학이 진정으로 찾고자 하는 것이다.

아이는 일찍부터 역사와 문학에 깊은 관심을 보였다. 여기에 더해 예술과 영상에도 매력을 느끼며 영화학까지 기웃거렸다. 학문적 호기심과 함께 재미와 아름다움을 추구하는 기질이 있었던 것이다. 나는 아이가 예술 자체를 전공하지는 않더라도, 인문학을 기반으로 다양한 영역을 아우르는 종합적 아트 창조에 관심과 재능을 펼칠 수 있으리라 생각했다.

자기이해지능 - 자신을 이해하는 아이로 키워라

대학을 선택할 때도 이러한 성향을 충분히 고려했다. 그래서 자연스레 시선이 닿은 곳이 뉴욕의 컬럼비아 대학이었다. 학문적으로도 탄탄하면서 예술적 분위기가 살아 있고, 무엇보다 뉴욕이라는 도시 자체가 아이에게는 무궁무진한 즐거움과 영감을 줄 수 있는 최적의 환경처럼 보였다. 반대로 하버드 대학은 지나치게 아카데믹하고 경쟁적인 분위기라 아이와 어울리지 않을 것 같아 지원을 고려하지 않았다.

컬럼비아 대학은 단순히 성적만으로 학생을 평가하지 않는다. 이 학교가 강조하는 것은 '13개의 핵심 역량 Core Competencies'이다. 창의력, 협동심, 문해력, 의사소통 능력, 사회적 책임감 등, 한 인간이 삶 속에서 길러야 할 가치와 태도에 가까운 것들이다.

나는 그들의 인재상 설명을 읽다가 문득 내 아이가 떠올랐다. 거기에 적혀 있는 역량들은 우리 가족이 자녀 교육에서 꾸준히 지향해 온 가치이자, 일상에서 차근차근 실천해 온 교육 철학과도 맞닿아 있었기 때문이다. 시험 점수를 위한 공부가 아니라, 삶을 살아가는 힘을 기르는 교육. 그것이 우리가 추구해 온 길이었고, 컬럼비아 대학이 찾고 있는 인재상과도 겹쳐져 있었다.

컬럼비아 대학 이외에도 UCLA, 버클리, 시카고 등 영화학이 발달한 대학들에 지원했고, 결과를 기다리는 동안 가장 먼저 날아온 소식은 플랜A였던 컬럼비아 대학의 합격 통지였다. 메일을 열어 본 순간의 벅찬 감정은 지금도 생생하다. 아이가 원하는 길을 대학이 먼저 알아 봐 주었다는 사실은 신비롭기까지 했다.

그런데 돌이켜보면, 이것은 단순한 행운이나 기적이 아니었던 것 같다. 아이가 꾸준히 자신을 탐색하며 무엇을 좋아하고 어떤 길을 가고 싶은지 고민해 온 결과이지 않았을까. 학업 성취도 물론 중요했지만, 그것만으로는 설명할 수 없는 무언가가 있었다. 바로 자기이해지능, 즉 자기 자신을 제대로 아는 힘이다.

자신을 잘 이해하는 아이는 흔들릴지라도 끝내 포기하지 않는다. 대학 입시는 물론이고, 인생 전반에 있어 이 힘은 무엇보다도 소중하다.

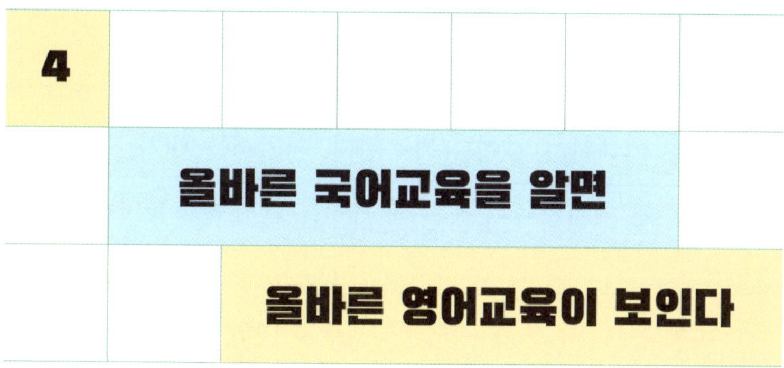

: 깊은 독서 경험이 언어 교육에 필요한 이유

나는 아이가 태어난 지 얼마 되지 않아 이미 국·영·수의 중요성을 실감했다.

아이가 세상과 처음 만나는 언어는 국어다. 태어나자마자 아이에게 쉴 새 없이 건네는 "사랑해", "이리 와", "하지 마", 이 모든 말이 바로 국어교육의 시작이었다. 조금 더 자라 세상 밖으로 시야를 넓히면 영어는 필수다. 이제 영어는 한 나라의 언어가 아니라, 전 세계의 아이들이 함께 배워야 하는 공용 언어가 되었다. 그리고 마지막으로, 가족이 몇 명인지, 엘리베이터는 몇 층을 눌러야 하는지를 알려면 수학이 필요하다. 그래서 아이가 말문을 트기 전부터 나는 국·영·수를 자연스럽게 생활 속에서 익히게 했다.

특히, 아이의 국어 실력은 단순히 성적이 아니라 생각하는 힘과 세상을 이해하는 깊이를 좌우한다. 여기서는 내가 그동안 접한 제대로 된 국어교육의 예로 세 가지를 살펴보고 싶다.

첫 번째는 『나의 문화유산답사기』로 유명한 유홍준 선생이 고3 때 받은 국어교육이다. 유홍준 선생은 『유홍준 잡문집 | 나의 인생만사 답사기』(창비 펴냄, 2024)에서 고3 시절 국어 교사였던 유공희 선생님의 수업을 소개한다.

유공희 선생은 교과서 중심의 입시교육이 아니라, 랭보Arthur Rimbaud와 말라르메Stéphane Mallarmé의 시를 암송하며 시의 묘미를 열강하거나, 사르트르의 실존주의를 한 시간 동안 강의하는 등, 자신이 생각하는 바람직한 국어교육을 실천하셨다고 한다. 또한 국어교육의 핵심은 독해력이라며 신문 칼럼을 꾸준히 읽을 것을 권했다고 한다.

이처럼 우리나라 최고의 글쟁이 중 한 명인 유홍준 선생이 받은 제대로 된 국어교육은 교과서도, 입시 중심의 교육도 아니었다. 교과서에 일부만 실리는 짧은 글이 아니라 살아 있는 작품들을 읽고 익히는 즐거운 국어 시간이었다. 유홍준 선생의 글쓰기에 배어 있는 수필적 감성과 논리성은 바로 그 시절 경험한 깊이 있는 국어 수업에서 비롯되었다.

두 번째 제대로 된 국어교육은 『공부머리 독서법』(책구루 펴냄, 2018)의 저자 최승필 선생이 그의 책에서 소개하여 더 유명해진 하시모토 다케시의 '슬로리딩 국어교육'이다.

일본 나다중학교의 하시모토 다케시 선생은 소설 『은수저』 한 권으로 3년간 국어 수업을 진행했다. 학생들은 이 한 권을 천천히 읽으며, 등장인물의 놀이를 직접 해 보고, 시를 쓰고, 생각을 토론했다. 이 슬로리딩 Slow Reading 수업을 받은 학생들은 도쿄대 합격자 수 1위라는 결과보다 더 중요한 것을 얻었다. 깊이 있는 독서, 자기 생각을 표현하는 힘, 그리고 배움의 즐거움이다. 이 방식은 영어교육에도 그대로 적용할 수 있다.

예를 들어, 『The Chronicles of Narnia 나니아 연대기』의 「The Lion, the Witch and the Wardrobe 사자와 마녀와 옷장」을 1년간 읽으며, 그 속에 있는 내용을 조목조목 이해하고 경험하는 것이다. 작품의 배경이 되는 제2차 세계대전에 대해서도 살펴보고 (역사), 책에 등장하는 어린이 간식 '터키시 딜라이트 Turkish Delight'도 직접 먹어 보는 것이다 (문화). 동시에 한 달에 한 권 자신이 읽고 싶은 영어책을 자유 독서한다. 그러면 아이는 1년에 최소 13권의 영어책을 읽으며 깊이 있는 독서를 경험하게 된다. 아이는 단순한 영어독서를 넘어 역사·문화·언어를 통합적으로 이해하는 진짜 배움을 경험하게 된다.

세 번째 제대로 된 국어교육은 아이가 중학교에서 직접 경험했다. 아이가 다녔던 영훈국제중의 국어 수업은 단 한 번도 교과서 중심으로 진행된 적이 없었다. 한 학기에 여덟 권의 작품을 읽고, '생각지'를 쓰고, 발표하고, 토론했다. 생각지는 작품을 읽고, 스스로 두 개의 논제를 정한 후 그에 대한 답을 써 보는 일종의 짧은 형태의 논술이다. 중학교 2학년 2학기 국어교육의 예를 들어 보겠다.

해당 학기에 다룬 책은 윤흥길의 『아홉 켤레의 구두로 남은 사내』, 조세희의 『어린왕자』, 올더스 헉슬리의 『멋진 신세계』 등 총 여덟 권이다. 다양한 작품을 읽고 각 작품마다 두 가지 논제를 스스로 정해 글을 쓴다. 발표자는 자신의 생각을 근거로 하여 발표하고, 질문자는 먼저 자신의 생각을 말한 뒤 질문해야 한다. 이런 수업을 통해 아이는 비판적으로 읽고, 논리적으로 말하며, 글로 표현하는 힘을 길렀다.

고등학교에 진학한 후에도 정철의 「관동별곡」 등 모든 국어 시험범위를 스스로 공부해 A를 받았다. 국어 실력은 단기간의 암기나 선행이 아니라, 이처럼 지속적인 독서와 사고의 훈련 속에서 다져진다.

중학교에서 아이는 영어 시간에도 교과서를 사용하지 않았다. 영어수업에서는 한 학기에 한 권씩, 총 여섯 권의 영어 소설을 읽었다. 순서대로 『Charlotte's Web 샬롯의 거미줄』, 『Bridge to Terabithia 비밀의 숲 테라비시아』, 『The Outsiders 아웃사이더』, 『The Giver 기억전달자』, 『The Little Prince 어린왕자』, 『The Alchemist 연금술사』가 바로 그것이다.

아이들은 각 책을 챕터별로 나누어 읽고, 토론하고, 시험을 본다. 시험은 단어·내용 이해·에세이 쓰기 등 여러 형태로 출제된다. 이 방식은 일본 나다중학교의 하시모토 다케시가 『은수저』한 권으로 3년간 국어 수업을 진행한 슬로리딩 교육법과 매우 닮아 있다.

영어 읽기 수업 외에도 별도의 작문Writing 클래스가 있었는데, 여기에서는 문법을 중심으로 글을 쓰는 훈련을 병행했다. 결국 영어수업을 통해 어휘·문법·쓰기·읽기·토론이 통합적으로 이루어진 것이다.

국어든 영어든, 토막 난 교재나 발췌문이 아니라 작품 전체를 읽고 생각하는 경험이 필요하다. 한 문장 한 문단을 쪼개어 시험 대비용으로 학습하는 것은 언어가 아니라 문제풀이 기술을 익히는 것이다. 아이의 언어 감각과 사고력은 깊은 독서 경험에서만 자란다.

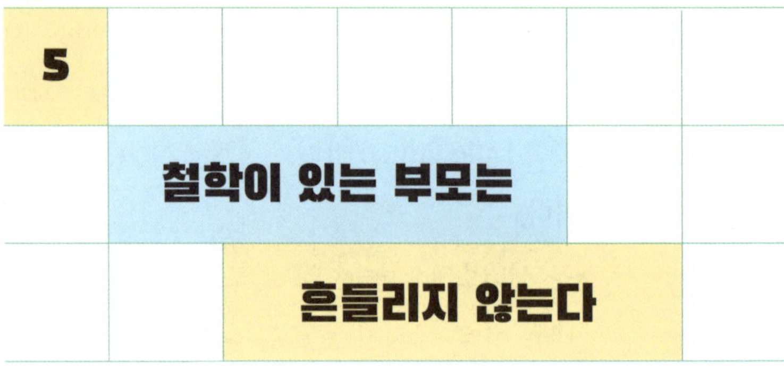

: 흔들림 없는 교육을 만드는 3가지 교육 철학

돌이켜보면 나에게도 나름의 교육 철학과 공부 원칙이 있었다. 거창하게 들릴지 모르지만, 그것은 부모로서 마음에 새기고 되뇌며, 흔들림 속에서도 지켜 내려 했던 교육의 방향들이었다. 아래에 내가 일상 속에서 자주 말하고 실천해 온 생각들을 정리해 보았다. 이 글이 작은 도움과 영감이 되었으면 한다.

하나, 호기심이 이끄는 자기주도교육

지금 와서 생각해 보면 아이가 대학 진학에서 조금 다른 길을 선택하게 된 출발점은 유치원 시절부터였던 것 같다.

아이는 용인에 있는 A유치원에 3년을 다녔다. 우여곡절 끝에 그곳을 선택한 이유는 그 유치원이 '레지오 에밀리아Reggio Emilia' 교육 철학을 실천하는 곳이었기 때문이다. 대부분의 유치원은 3월에는 '선생님과 친구 알아가기', 5월에는 '봄 소풍'이나 '현장 체험 학습'처럼 모든 일정이 미리 짜여 있다. 하지만 레지오 에밀리아 교육은 전혀 다르다.

레지오 에밀리아 교육은 미리 짜여 있는 커리큘럼에 따르는 것이 아니라 아이들이 관심 있어 하는 분야로 확장해 가며 일정을 운영한다. 마당의 물레방아에 관심을 보이는 아이들이 있으면, 그 호기심을 따라 그림을 그리고, 직접 모형을 만들며, 관련 책을 읽고, 결국 과학관으로 견학을 간다. 교사는 아이의 몰입을 끊지 않고, 옆에서 지켜보며 지원하는 조력자 역할을 한다.

이 유치원에서도 중간에 퇴원하는 아이들이 있다. 한 달 내내 편지 쓰기만 하는 아이를 보며 "이게 뭘 배우는 거지?" 하고 걱정하는 부모들도 있었다. 하지만 어쩌면 그 아이는 글쓰기와 관계 맺기에 탁월한 관심을 가진 아이일지도 모른다.

레지오식 교육은 그야말로 아이 중심, 자기주도적인 교육이다. 아이 역시 이곳에서 3년 동안 자신이 흥미를 느끼는 주제에 대해 생각하고, 조사하고, 표현하는 법을 배웠다. 그 경험은 단순히 유치원 시절의 추억으로 끝나지 않았다. 스스로 배우고 탐구하는 즐거움, 바로 그것이 훗날 아이가 자기주도적으로 성장하는 토대가 되었다.

아이가 처음 역사에 깊이 관심을 가지게 된 계기는 초등학교 3학년 때였다. 담임선생님이 쉬는 시간에 틀어 준 TV 애니메이션 〈장금이의 꿈〉(드라마 〈대장금〉의 어린이 버전) 때문이었다. 그날 이후 아이는 집에서도 전편을 정주행하며 완전히 빠져들었다. 극 중 내금위 종사관 민정호와 사랑에 빠졌고, 장금이처럼 왕비가 아닌 어린 궁녀 '생각시'로 조선 왕궁에 입성하는 꿈을 꾸었다.

이러한 관심은 한국의 역사로 확장하여 한국사 책들을 읽었다. 『삼국유사』와 『삼국사기』에 담긴 설화들이 더욱 현실감 있게 다가 왔고, 경주를 여행할 때에는 단순한 관광이 아니라 사회적·역사적 맥락 속에서 문화유산을 바라보았다. 관심은 또다시 예술로 뻗어 나갔다. 민정호와 장금이를 한복 차림으로 그리며 미술로 확장했고, 애니메이션 OST에 쓰인 악기 '소금' 연주까지 배우기 시작했다.

중학생이 된 뒤에는 『조선왕조실록』을 읽고 연구과제로 '조선 시대 왕을 통해 배우는 리더십'에 관한 논문을 썼다. 이런 식으로 아이는 주로 '가지 뻗기 교육'을 실천했다. 배움은 언제나 하나의 관심사에서 시작해 새로운 영역으로 확장해 가는 자기주도적인 교육 속에서 발생한다. 레지오 에밀리아식 교육이 보여 주듯, 아이의 호기심이 뿌리가 되어 그로부터 문학·역사·미술·음악이 한 그루 나무처럼 자라났다.

아이가 대학 지원 시 희망한 전공은 역사와 문학, 영화학이다. 아직 확정된 것은 없지만, 이러한 경험들이 쌓여 대학에서도 인생에서도 관심과 열정을 좇아 스스로 배움의 길을 걸어나가리라 생각한다.

둘, 삶에 도움이 되는 교육

이미 언급했듯이 아이는 수학 공부를 중3때까지 주로 혼자 하거나 엄마인 나와 함께 했다. 아이는 한 문제를 물어 보면 한 시간 동안 설명하는 아빠보다는 좀 모르더라도 자기의 말을 들어주는 엄마와 함께 수학 문제 고심하기를 선호했다. 그 과정에서 재미있는 에피소드가 참 많다.

한번은 아이가 초등학교 4학년 때인가 처음 분수를 배울 때였다. 분수 1/4은 1보다 작은 수로 1을 네 개로 나누면 1/4이 된다. 그런데 수학 문제 중 이런 문제를 읽고는 큰 고민에 빠졌다.

'수민이 반 학생은 24명이다. 이 중 1/4이 안경을 썼다. 수민이 반 학생 중 몇 명이 안경을 썼는가?'

아이는 문제를 뚫어지게 들여다보더니, 결국은 패닉 상태가 되었다.

"1/4은 1보다 작은 수인데, 어떻게 안경 쓴 학생이 1보다 큰 수인 '몇 명'이 될 수 있어? 안경 쓴 학생이 분명 1/4이라고 했는데!"

아이와 함께 하는 공부 과정은 아이의 엉뚱한 상상력을 엿보는 재미있는 과정이었다. 또한, 1/4을 1보다 작은 수로만 이해하다가, 24명을 네 개로 나누는 것도 24의 1/4이라고 할 수 있다는 사실을 이해하는 사고의 확장을 경험하는 과정이었다.

'왜 음수 곱하기 음수는 양수가 될까?'(예를 들어, -2×-2=4), '왜 나누기를 곱하기로 바꿀 때는 역수를 취해야 할까?'(예를 들어, 6÷3=6×$\frac{1}{3}$=2)

아이는 이런 질문들을 고민하며 수학 교과과정에 따른 개념과 원리를 차곡차곡 쌓았다. 나 역시 아이 덕분에 개념과 원리는 다 까먹고 외우고만 있었던 내용들을 다시 하나씩 확인했다. 개념과 원리를 익히는 재미에 빠진 나와 달리, 아이는 문제의 맞고 틀림에 따라 기분이 일희일비했다.

수학 문제를 다 맞는 것이 왜 중요하다는 말인가? 우연히 그 문제집의 문제들이 쉬운 것일 수도 있지 않았겠는가? 그럴 때마다 나는 아이에게 이렇게 말했다.

"다 맞히는 게 중요한 게 아니야. 왜 틀렸는지, 그리고 왜 맞았는지를 아는 게 더 중요해."

수학의 진짜 힘은 정답이 아니라 원리를 찾는 힘, 즉 사고력과 문제해결력에 있다고 믿었다. 그래서 우리는 문제집의 점수보다는, "왜 그럴까?"를 함께 찾아가는 과정을 더 소중하게 여기려고 노력했다.

학력고사 세대인 우리 부부는 학력고사가 과연 인생에 얼마나 도움이 되는가에 대해 회의적이었다. 삶에 꼭 필요한 지식이나 기술, 지혜는 정작 거의 가르쳐 주지 않기 때문이다. 시험을 잘 본다고 외국어 실력이 뛰어난 것도 아니고, 수학 실력이 아무리 좋아도 자기소개서 하나 제대로 쓰지 못할 수 있다. 그때 깨달았다. 점수를 위한 공부가 아니라 삶을 위한 배움이 필요하다는 것을. 그래서 아이에게는 다르게 가르치고 싶었다. 인생에 도움이 되는 교육, 세계에 나가 통하는 교육, 삶에 필요한 문제해결력과 창의력을 갖춘 사람으로 자라길 바랐다.

그 시작은 아이가 자신을 알고 이해할 줄 아는 사람으로 성장하는 것이라고 생각했다. 그래서 집에서는 '방과후수업 월드컵'과 '과목 월드컵'을 하며 아이가 어떤 활동과 과목을 좋아하는지 함께 탐색했다. 자기이해지능이 발달하면, 아이는 스스로의 장단점을 알기에 불필요한 비교 대신 자신의 길을 선택할 수 있다.

학교에서는 모둠활동에 적극적으로 참여하며 타인과 협력하

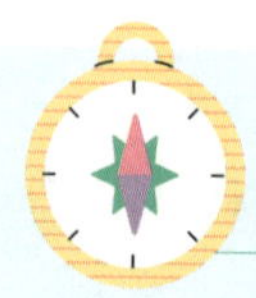

　나는 아이가 초등 1~2학년일 때 '방과후수업 월드컵'을 많이 했다. '방송댄스-미술', '로봇공학-코딩' 등 초등학교 방과후수업으로 월드컵을 해 보는 것이다. 아이가 가장 좋아하여 참여하고 싶은 방과후수업이 바로 아이의 관심사이다.

　아이는 초등학교 1~2학년 때 방과후수업료를 가장 많이 낸 학생이었을 것이다. 아이는 매일매일 방과후수업에 참여했다. 3학년 정도가 되니까 무엇을 좋아하고 싫어하는지 본인도 알고 엄마인 나도 알게 되어 이후로는 아이가 좋아하거나 꼭 필요한 것 위주로 할 수 있게 되었다.

　'방과후수업 월드컵' 이외에 초등학생 때 많이 한 것은 '과목 월드컵'이다. '국어-수학', '미술-체육' 등 두 과목을 대결을 붙여서 더 좋아하는 과목을 선택해 가면서 범위를 좁히는 것이다. 사회과목 같은 경우, '역사-법', '정치-경제' 등으로 세분화할 수 있다.

　고등학교에서 고교학점제가 시행되는 올해부터는 고등학교 입학 전 아이의 예상 진로를 파악해 두는 것이 더욱 중요해졌다. 초등학교 저학년 때부터 아이가 자신이 좋아하고 잘하는 것이 무엇인지 탐색할 수 있도록 도울 필요가 있다.

고 소통하는 힘을 키웠다. 인생의 매 순간에 놓인 허들hurdle을 넘을 수 있는 회복탄력성도 길러 주고 싶었다. 무엇보다 중요한 것은 화려한 스펙이 아니라 삶에 필요한 습관이었다. 책을 즐겨 읽고, 수업 시간에는 집중하고, 숙제는 반드시 마치며, 모르면 질문하고, 약속한 시간에 늦지 않는 것. 그 단순하지만 기본적인 습관들이야말로 평생을 이끌어 주는 힘이라고 믿었다.

아래는 아이가 대학 지원서에 쓴 에세이의 일부다. 이 글로 대학에 합격했으니, 결국 아이는 우리가 바라던 대로 '삶에 도움이 되는 교육'을 받은 셈이다.

I grew up with a father who abhors the Korean education system, where one is injected with formulas and sorted by scores. Thus, my family fled from all those rigorous Korean academies-which kill your creative cells-and placed me in the middle of a hillside village. ··· I've heard that only Koreans use this term so often: Good at *studying*.

나는 한국 교육 시스템을 혐오하는 아버지 밑에서 자랐다. 공식을 주입하고 점수로 줄 세우기 때문이다. 그래서 우리 가족은 창의력을 말살하는 한국식 학원 시스템을 피해 산비탈 마을 한가운데로 도망치듯 이

주했다. … '공부를 잘한다'는 표현은 오직 한국인만이 자주 사용하는 표현이라고 들었다.

셋, 내가 발전하는 교육

'이번 시험은 어느 구석에서 문제가 나올까'를 고심하며 공부하는 것은 매우 고통스러운 일이다. 학생 입장에서는 '배운 내용을 성실히 공부하면 좋은 성적을 받을 수 있다'라는 믿음을 갖는 것이 꼭 필요하다. 이 믿음이 있을 때, 공부는 두려움이 아니라 도전이 된다. 열심히 배우면 성과가 따라오고, 그 성과는 다시 자신감을 만들어낸다. 이 과정이 반복되면 학습의 선순환이 시작된다. 결국 아이가 공부를 계속 이어 가게 하는 힘은 두려움이 아니라 하면 된다는 믿음이다.

우리나라 고등학교의 상대평가 제도는 학생들에게 하면 된다는 믿음을 주기보다는 타인과의 경쟁을 부추긴다. 0.1점으로도 등급이 나뉘어 '억울함'을 만들기도 한다. 변별력을 주기 위해 매우 구석진 곳에서 소위 '킬러문항'을 만들어 내야 하는 점은 불합리하다.

이런 평가 방식은 '잘하기 위해 공부하는' 것이 아니라 '남보다 잘하기 위해 공부하는' 구조를 만든다. 열심히 공부했는데도 만

족스러운 결과를 얻지 못하면 허탈함과 억울함이 쌓이고, 결국 공부 자체에 대한 의욕마저 잃게 된다. 결과만 남고 배움의 기쁨은 사라지는 순간, 학습은 더 이상 성장을 위한 과정이 아니다. 이것이 바로 상대평가의 가장 큰 함정이다.

나는 되도록이면 타인과의 경쟁이 아닌 자신의 성장을 이끄는 교육을 추구했다. 학습의 선순환을 만드는 교육, 열심히 하면 좋은 결과를 얻는다는 믿음을 심어 주는 교육, 결과보다 과정을 더 소중히 여기는 교육을 지향했다.

"결과는 우리가 어떻게 할 수 없지만 '내가 지금 공부하는 이곳에서 시험문제가 나온다'는 마음으로 공부하는 과정을 충실히 하자."

아이에게도 늘 이렇게 말했다.

아이들은 열심히 하고 싶고, 좋은 점수를 받고 싶어한다. 하지만 열심히 해도 좋은 성적을 얻지 못할까 봐, 애초에 열심히 하지 않기로 마음을 접어 버리는 아이들도 많다. 그럴수록 부모는 결과에 대한 평가를 조심하고 노력의 과정을 인정해 주려 해야 한다.

외대부고의 국제계열은 상대평가가 아니라 절대평가를 실시한다. 학생들은 일정 점수를 획득하면 누구든지 A를 받을 수 있기 때문에, 경쟁보다는 서로 돕는 분위기 속에서 공부한다. 서로의 정리노트를 공유하고, 모르는 문제는 함께 토론하며 '혼자서 더 잘하기'보다 '함께 성장하기'를 택한다.

물론 절대평가에도 단점은 있다. 그중 하나는 자신의 한계까지 노력하기보다는 A를 받을 수 있을 만큼만 공부한다는 것이다. 그래서 나는 아이에게 위험하게 90점을 목표로 하지 말고 아는 만큼 다 풀 수 있도록 준비하라고 주의를 주었다. 공부해서 남 주는 것이 아니라 결국 자신이 성장하기 위해 하는 일이라는 것을 잊지 않도록 했다.

상대평가, 절대평가, 고교학점제, 5등급제 등 우리 아이들이 앞으로 접하게 될 평가방식은 매우 다양하고 끊임없이 바뀔 것이다. 결과에 집착하면 억울함과 좌절감으로 학습 의욕마저 꺾일 수 있다. 그래서 우리는 아이들에게 결과보다 배움의 과정에서 느끼는 뿌듯함과 자부심을 경험하게 해 주어야 한다. 다양한 평가의 틀 속에서도 '나는 어제보다 나아지고 있다'는 믿음을 잃지 않게 하는 것, 그것이 결국 교육의 본질이 아닐까.

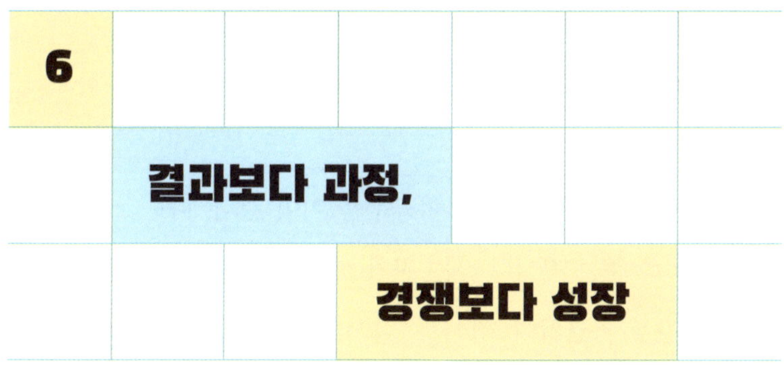

: 아이를 지켜 주는 3가지 공부 원칙

하나, 시험은 공부할 기회를 주는 것이다

남편은 (앞에서도 여러 번 언급했듯이) 우리나라 수학교육에 대해 매우 회의적이었다. 남편은 아이가 초등 저학년일 때 연산 연습하는 것조차 정말 싫어했다. 계산은 계산기가 하는 것이고 인간이 할 일은 원리를 이해하고 생각하는 힘을 키우는 것이라는 생각이 확고했다. 심지어 구구단 외우는 것도 싫어했다.

한번은 아이가 구구단 시험을 앞두고 열심히 외우고 있을 때였다. 남편이 들어와 "유대인들은 구구단을 안 외운다"며 훼방을 놓았다.

나는 즉시 맞받아쳤다.

"인도에서는 19단까지 외운다는데, 우리 구구단에서 합의 봅시다."

결국 아이는 나와 함께 시험공부를 이어 갔다. 나는 '시험은 공부할 기회를 주는 것이다'라는 원칙 하에 아이에게 '시험공부는 하는 것'이라고 가르쳤다. 아이는 "아빠가 없으면 놀지를 못하고 엄마가 없으면 공부를 못한다"라며 열심히 공부하고 열심히 놀았다.

시험은 없는데 공부를 열심히 하는 것은 쉽지 않은 일이다. 시험이 끝났는데 그제서야 공부하는 건 매우 아까운 노릇이다.

시험은 단순히 점수를 매기는 도구가 아니라, 공부할 명분과 동기를 만들어 주는 계기라고 생각한다. 시험이 있으면 자연스럽게 공부할 이유가 생긴다. 시험을 준비하는 과정에서 계획을 세우고 시간을 관리하는 훈련도 하게 된다. 이러한 습관은 학습뿐만 아니라 삶 전반에서 지속적으로 성장을 이끄는 힘이 된다.

그래서 나는 아이에게, 그리고 나 자신에게도 종종 이렇게 되뇐다.

"시험은 공부할 기회를 주는 것이니 이 기회를 놓치지 말자."

둘, 계획은 질이 아니라 양으로 세워라

아이들은 늘 두 자아의 충돌을 겪는다. 잘하고 싶은 자아와 하기 싫은 자아. 중간고사를 잘 보고 싶은데, 공부가 너무 하기 싫다. 한국사 시험 범위가 다섯 챕터이고 이것을 달달 외우고 싶은데, 어떻게 달달 외울 것인가? 중간에서 만나 타협을 보는 것이 중요하다. 이럴 때 필요한 건 질적인 결심이 아니라 양적인 계획이다.

나는 아이에게 늘 말했다.

"계획은 질이 아니라 양으로 세워라."

'달달 외운다'는 것은 질적인 계획이다. 외우는데 그냥 외우는 게 아니라 툭 치면 나올 정도의 수준으로 외운다는 것이다. '시험 범위를 세 번 본다'는 것은 양적인 계획이다. 처음에는 시간을 충분히 들여 표시하며 외우고, 두 번째에는 전체 흐름을 잡으며 중요한 부분에 집중한다. 세 번째는 서술형에 나올 법한 내용을 중심으로 전체를 훑는다. 혹시 외우지 못한 부분이 남더라도 괜찮다. 세 번 보며 외운다는 목표는 달성한 것이니 말이다.

수학 공부의 계획도 질이 아니라 양으로 잡아야 한다. '삼각형의 무게중심 이해'가 아니라 '문제집 세 권 풀기' 식으로 계획을 세워야 한다. 수학 공부를 할 때 문제집은 깨끗하게 두고 연습장에 반듯하게 써서 풀어야 한다거나, 한 권을 여러 번 푸는 게 좋다는 조언이 있는데, 아이는 반복을 너무 싫어했다. 그래서 중학생 때는 문제집 다섯 권 풀기를 목표로 잡았다. 방학에는 개념서로 예습을 하고, 학기 중에는 수준별 문제집 네 권을 풀며 시험 직전엔 남은 부분으로 총정리를 했다.

수학 담당이었던 중학교 1학년 담임선생님이 2학기 상담 때 하신 말씀을 아직도 기억한다.

"아이가 수학을 못하지 않아요."

아이는 스스로 못한다고 여겼지만, 객관적으로는 충분히 잘하고 있었던 것이다.

결국 질적인 목표는 부담을 만들고, 양적인 목표는 실행력을 만든다. 계획을 '완벽하게 이해하기'가 아니라 '세 번 보기', '다섯 권 풀기'처럼 세우면 아이는 스스로 해냈다는 성취감을 느낀다. 양적으로 계획을 세워 아이들이 성취감도 맛보고 소정의 목표도 달성하는 경험을 할 수 있도록 돕자.

셋, 모 아니면 도가 아니라 개나 걸도 괜찮다

아이들은 누구나 잘하고 싶은 마음이 크다. 하지만 그 마음이 때로는 오히려 두려움이 된다. 심지어 윷놀이를 할 때에도 윷이나 모가 나오지 않을까 봐 두려워 아예 윷을 던지는 시도조차 하지 못하는 경우도 있다. 공부도 마찬가지다. 원하는 성적이 나오지 않거나, 잘하고자 하는 마음이 충족되지 않을까 봐 두려워 오히려 공부를 피하는 경우가 있다.

그럴 때 나는 말한다.

"개나 걸도 괜찮다. 중간에서 만나자."

다섯 번 보고 싶다면 세 번만, 세 번 보고 싶다면 두 번만 보자. 제풀에 꺾여 아예 안 하는 것보다는 낫기 때문이다. 100% 완벽하게 준비하겠다고 생각하면 포기하게 된다. 80%, 이것도 안 되면 70%만 공부하고 시험을 본다고 생각하면 마음이 훨씬 가벼워진다. 아예 공부를 안 하는 것만 피하면 된다.

중학교 3학년 2학기, 기말고사를 앞두고 아이는 시험공부를 정말 하기 싫어했다. 이미 고등학교 입시에 필요한 성적은 산출됐고, 어떤 고등학교는 이미 합격 발표가 난 이후여서 대부분의 학생들이 기말고사는 신경 쓰지 않았다. 아이는 공부를 할 것인가 말 것인가 하는 고민에 빠졌다. 공부를 안 하고 백지로 내자니 찝찝하고, 하자니 억울한 마음이 들었다.

이때는 중간에서 타협을 보는 것이 중요하다. 어차피 공부가 인생에 도움이 될 것이고, 시험 이후에 공부하면 더 억울한 일이 될 것이다. 보통 세 번 보고 시험을 치렀다면 이번에는 두 번만 보자고 스스로를 설득하는 것이다.

돌이켜보면 아이의 중학교 전교 1등 졸업에 가장 크게 기여한 것은 이 원칙 덕분이었다고 생각한다.

'모 아니면 도가 아니라, 개나 걸도 괜찮다.'

완벽하지 않아도, 중간쯤에서 타협해도 된다. 꾸준히 이어 가는 힘이 결국 완벽보다 더 멀리 간다.

<table>
<tr><td>**7**</td><td></td><td></td><td></td></tr>
<tr><td colspan="3">## 아이의 배움이</td><td></td></tr>
<tr><td></td><td></td><td colspan="2">## 선이 되는 순간</td></tr>
</table>

7 아이의 배움이 선이 되는 순간

: Connecting the Dots - 배움이 연결되는 힘

스티브 잡스Steve Jobs는 2005년 스탠퍼드 대학교 졸업식 연설에서 'Connecting the dots'라는 것에 대해 언급했다. Connecting the dots (점 잇기)란, 자신의 인생을 돌아보니 별로 연관이 없어 보이던 사건이나 경험들이 이후에 다 쓸모있게 연결이 되더라는 것이다.

그는 대학을 중퇴한 후 순수한 호기심으로 청강한 캘리그라피 calligraphy 수업이 나중에 매킨토시 컴퓨터의 아름다운 글꼴 디자인으로 이어졌다고 말했다. 그때는 무의미해 보였던 경험들이 훗날 돌아보니 모두 연결되더라는 것이다.

▶ 스티브 잡스의 2005년 스탠퍼드 대학교 졸업식 연설

우리 가족 역시 서로 연관이 없어 보이는 점들이 서로 연결되는 경험을 여러 번 경험했다.

돌도 되기 전부터 즐겨 보던 『Teletubbies 꼬꼬마텔레토비』는 훗날 아이가 고등학교에서 학급 티셔츠를 텔레토비 복장으로 맞추는 계기가 되었고, 어릴 적 함께 했던 잠자리 독서 Bedtime Story 시간은 대학 입시 에세이의 주요 소재가 되었다. 『셜록 홈즈 Sherlock Holmes』 이야기를 좋아해 영어책으로도 다 읽어 놓았는데, 중3 때 가장 재미있는 에피소드로 영어연극을 올리기도 했다. 아이는 연극 대본을 쓰고 감독을 맡았다. 이미 읽어 놓은 영어책 내용을 대사로 바꾸는 작업이었다.

이런 서로 관련 없이 떨어져 있던 점들이 연결되어 절정을 이룬 순간이 있었다. 바로 학생문학상 대상(장관상) 수상이었다. 이것은 최소 5년에 걸쳐 국어, 영어, 문학, 사회, 연극, 글쓰기 등 여러 흩어져 있던 점들이 연결되는 경험이었다. 그 글의 제목은 〈어린 왕자의 장미와 우리의 민주열사들〉. 다년간 쌓인 점들이 어떻게 엮어져 화룡점정 畫龍點睛을 이루는지 참 놀라웠다. 그 과정을 되짚어 보면 점들이 어떻게 연결되어 갔는지 선명히 드러난다.

제24회 2·28민주운동 학생문학상 전국공모 우수작-대상

- 중2 국어시간에 조세희의 『어린왕자』를 읽고 토론함.
- 중3 영어시간에 생텍쥐페리Antoine de Saint-Exupéry의 『The Little Prince 어린왕자』를 읽고 토론함.
- 중3 때 소설가 한강의 『소년이 온다』를 읽고 광주 민주화운동에 대해 생각함.
- 고1 사회시간에 한강의 『소년이 온다』를 포스터로 만들어 수행평가로 제출함.
- 고3 봄 '6월 민주항쟁'을 소재로 영어연극을 만들어 국제대회(National History Day) 한국 대표로 선발됨.
- 고3 여름 제24회 '2·28 민주운동 학생문학상' 글짓기 대회에 공모하여 대상(행정안전부장관상) 수상.

이 모든 과정은 우연이 아니었다. 그저 좋아서 읽고, 흥미로워서 토론하고, 의미 있어서 참여했던 일들이 결국 한 줄로 이어져 하나의 이야기로 완성되었다.

지금 아이가 하고 있고 아이와 함께 하는 모든 활동과 경험은 이후 무수한 점이 되어 서로 연결되는 기적을 겪게 될 것이다. 오늘 읽은 책, 오늘 나눈 대화, 주말에 다녀온 나들이, 올해 한 여행 등 모든 것은 '점 잇기 게임' 속 점들처럼 무질서해 보이지만, 언젠가는 연결되어 상상도 못 한 멋진 그림으로 완성될 것이다. 다만 해야 할 일은 오늘도 마음 가는 대로 점을 만들어 놓는 것이다.

이 책의 2부에서는 아이의 출생부터 대입까지, 자녀의 18년 영어교육을 어떻게 설계하고 실행할 것인가를 총정리했다. 나는 40년간 영어를 공부하고, 18년간 엄마표 영어를 실천하며, 15년간 영어 교사로 일해 오면서 영어교육에 대한 나름의 철학과 원칙, 그리고 구체적인 방법을 세워 왔다. 이 경험을 토대로 아이를 교육한 결과, 다행히도 국제중에서 영어수업에 어려움이 없었고, 나아가 아이비리그 대학에 진학할 만큼의 영어 실력을 갖출 수 있었다. 하지만, 18년에 걸친 모든 단계가 완벽했던 것은 아니다. 나는 그 과정에서 있었던 시행착오와 아쉬움까지 모두 반영해 가장 현실적이고 효과적인 영어교육 일정을 정리했다. 그 결과가 바로 한 장으로 정리된 영어교육 로드맵, 'OK 잉글리시 매트릭스OK English Matrix'이다. 이 매트릭스를 통해 자녀의 영어교육을 어디서부터 시작하고, 어떻게 발전시키며, 어떤 단계로 나아가야 하는지 구체적인 방향과 실천 팁을 함께 살펴보자.

2부

18년 영어교육 로드맵

- OK 잉글리시 매트릭스

1

영어교육

준비 작업

우리나라에서 영어교육의 목표는 무엇일까? 왜 어떤 부모는 4세 아이에게 고시처럼 테스트를 보게 하면서까지 영어유치원에 보내려고 할까? 혹시 우리말보다 영어를 더 잘하기를 바라는 걸까? 그럼 집을 팔아도 안 되는 국어는 어떻게 하려는 것일까?

나는 이 책에서 '수능 영어도 1등급'을 18년 영어교육의 목표로 삼았다. '수능 영어만 1등급' 또는 '수능 영어는 1등급이 아닐지라도'가 아니라 '수능 영어도 1등급'인 영어교육에 대해 말하고 싶다. '영어는 수능 시험이 끝난 날부터 진짜 공부가 시작된다'라는 말처럼, 영어 공부는 수능 영어만 1등급 받고 끝나면 안된다.

우리 아이들은 수능 영어도 1등급 받고, 말하기와 쓰기도 잘하며, 영어로 생각하고 표현하는 힘까지 기를 수 있는 제대로 된 영어교육을 어릴 때부터 받을 수 있어야 한다. 그럴 권리가 우리 아이들에게는 충분히 있다.

이제 본격적인 18년 영어교육 로드맵을 살펴보기 전에, 먼저 짚고 넘어가야 할 두 가지 핵심 개념을 소개하려고 한다. 바로 영어 읽기 레벨과 아동의 인지발달단계이다. 이 두 가지를 이해하면, 자녀의 현재 위치와 발달 속도에 맞는 영어교육의 방향이 훨씬 분명해진다.

첫째, 영어 읽기 레벨에 대한 이해다. 이것은 반드시 고려해야 하는 절대적인 기준은 아니지만 알고 있으면 자녀의 영어책 선택과 학습 방향을 세우는 데 큰 도움이 된다. 영어 읽기 레벨 지표에는 AR, Lexile 등 여러 가지가 있으며, 평균 문장 길이, 어휘 난이도, 문장 구조의 복잡성 등을 종합해 산출된다. 이러한 읽기 레벨을 알고 있으면 아이가 지금 읽는 책이 적절한지, 또는 아이의 현재 읽기 수준이 어느 정도인지 판단하는 데 도움이 된다.

둘째, 아동의 인지발달단계를 이해하면 시기별로 적절한 영어교육을 판단하고 실행하는 데 큰 도움이 된다. 아이는 나이에 따라 사고의 방식과 이해 수준이 다르다. 이 발달 단계를 무시하고 어른의 기준으로 가르치면, 아이는 내용을 이해하지 못해 혼란을 느끼거나 학습 자체에 거부감을 갖게 된다. 영어교육은 조기교육이 아니라 적기교육, 즉 아이의 인지 수준에 맞춰 자연스럽게 진행해야 한다.

영어 읽기 레벨

"우리 아이는 영어 읽기 레벨이 1점대예요."

"이제 2점대 책을 읽을 수 있어요."

한 번쯤 이런 말을 들어본 적이 있을 것이다.

영어에는 듣기, 말하기, 읽기, 쓰기 등의 영역이 있다. 이 중에서 읽기 영역은 레벨이 가장 세분화돼 있고, 실제로 부모들이 가장 쉽게 접하게 되는 영역이기도 하다. 읽기 레벨은 아이가 어떤 책을 읽을 수 있을지를 판단하는 좋은 기준이 될 수 있지만, 종류가 많고 헷갈릴 때가 많다. 그래서 여기서는 부모가 꼭 알고 있으면 좋은 대표적인 읽기 레벨 시스템들을 간단히 소개하고, 자녀 영어교육에 어떻게 활용하면 좋을지 짚어 보려 한다.

1. 읽기 레벨 종류

• F&P 레벨 시스템 또는 GRL, Guided Reading Level

책의 난이도를 알파벳 A부터 Z까지로 분류한다. 앞쪽에 위치한 A는 가장 쉬운 수준, 뒤로 갈수록 점차 어려운 책에 속한다. 하지만 비전문가인 일반 학부모 입장에서는 자녀에게 적합한 책이 F인지, H인지 직관적으로 판단하기 어렵다는 불편함이 있다.

• **CEFR** Common European Framework of Reference

유럽에서 개발된 언어 능력 척도로, A1부터 C2까지 총 6단계로 구성되어 있다. 영어뿐 아니라 다양한 언어의 읽기, 듣기, 말하기, 쓰기 능력을 초급, 중급, 고급으로 구분해 준다. 하지만 이는 우리나라 아이들이 읽을 영어 원서를 고르는 데 직접적인 지침이 되기에는 다소 추상적이고 모호하다는 한계가 있다.

• **렉사일 지수** Lexile Level

책의 난이도를 숫자로 표시하는 읽기 지표이다. 보통 0L에서 시작해 2000L 이상까지 있으며, 숫자가 높을수록 문장 구조와 어휘 난이도가 올라간다. 예를 들어, 300L은 초등 저학년 수준, 1000L이 넘으면 고등학생 수준의 책으로 분류된다. F&P 레벨 시스템만큼은 아니지만 렉사일 지수도 직관적으로 아이의 영어 읽기 레벨을 이해하기에는 다소 어려움이 있다. 그래서 온라인에서는 렉사일 지수를 AR 지수로 변환한 비교표를 쉽게 찾아볼 수 있다. 읽기 레벨 시스템 중에서도 렉사일 지수와 AR 지수는 특히 널리 알려져 있다.

책마다 읽기 레벨인 Book Level (BL, 예: 3.8)뿐 아니라 흥미도인 Interest Level (IL, 예: MG, UG 등)까지 함께 제공한다는 점에서 유용하다. Book Level은 책의 읽기 난이도를 미국 학년 기준으로 환산한 수치로, 예를 들어 4.5는 미국 4학년 5개월 수준, 7.3은 7학년 3개월 수준의 난이도로 이해하면 된다. Interest Level은 LG (Lower Grades, K~3학년), MG (Middle Grades, 4~8학년), UG (Upper Grades, 9~12학년)로 나뉜다. LG는 초등 저학년, MG는 초등 고학년 ~중학생, UG는 고등학생 수준 정도로 보면 된다.

문장의 길이나 단어의 난이도 등으로 측정되는 Book Level과 함께 책의 흥미도인 Interest Level을 참고하는 것은 매우 중요하다. 흥미도는 책이 다루는 주제, 인물의 심리 묘사의 복잡성, 사회적 민감성, 독자의 공감 능력 등을 종합적으로 고려하여 측정된다.

Book Level은 4점대인데, 4~5학년 아이가 읽기 힘들어하는 책은 공감하거나 이해하기 어려운 책일 수 있다. 예를 들어 『Charlotte's Web』은 AR 4.4, 흥미도는 MG로 4학년 아이가 읽기 적합하다. 반면 『The Outsiders』는 AR 4.7이지만 Interest Level은 UG로 분류된다. 미국 청소년들의 빈부격차, 계급, 일탈, 폭력 등을 다루기 때문이다. 하퍼 리 Harper Lee의 소설 『To Kill a Mockingbird 앵무새 죽이기』는 Book Level이 5.6이라 우리나라 중학생들이 많이 도전하지만 Interest Level이 UG라 읽기에 어려움을 느끼는 작품이다. 20세기 초 미국 남부를 배경으로 하여 노예 제도, 인종 차별 등 시대적, 사회적으로 심도 있는 주제를 다루기 때문이다.

렉사일과 AR 지수는 책정하는 기준이 서로 조금씩 달라 책마다 읽기 레벨이 일치하지 않는 경우가 많다. 또 이미 언급했듯이 지수가 낮다고 반드시 수준이 낮은 책인 것도 아니다. 문장 구조나 어휘는 쉽게 썼어도 주제 면에서 수준이 높을 수 있기 때문이다. 이런 면에서 영어 읽기 레벨 지수는 절대적인 점수로 생각할 것이 아니라 '지금 우리 아이에게 적당한 책을 고르기 위한 길잡이'로 참고하는 것이 바람직하다.

2. 목표 읽기 레벨

그러면 우리나라 아이들은 18세인 고3 때까지 어느 정도의 영어 읽기 실력을 갖추어야 할까? 우리나라 수능 영어는 독해 지문별로 AR 4점대 문항부터 AR 13점대 문항까지 분포되어 있고, 읽기 난이도는 평균 AR 10점 정도 된다(표1 참고). 2026학년도 수능 영어에서는 가장 낮은 읽기 레벨 지문은 AR 4.6, 가장 높은 지문은 AR 13.1 수준이었다.

수능 영어 독해 영역(18번-45번)					
문항 번호	2024수능 (4.71%)	6모 (1.47%)	9모 (10.94%)	2025수능 (6.22%)	6모 (19.1%)	9모 (4.5%)
18	7.78	6.94	8.23	7.9	8.4	7.91
19	4.24	5.33	7.14	6.85	5.03	5.77
20	10.26	11.88	12.5	9.15	9.29	9.39
21	**10.2**	9.72	11.73	**12.83**	**8.59**	**11.42**
22	10.89	9.78	11.81	11.97	11.55	10.31
23	12.62	11.02	**10.42**	9.89	9.99	12.47
24	**10.22**	**11.99**	9.5	10.97	10.07	**11.86**
25	10.67	10.23	12.09	8.96	9.74	9.98
26	9.12	7.58	9.33	8.11	9.02	8.58
27	6.47	7.84	9.62	7.72	9.98	10.74
28	7.51	9.63	10.6	6.32	7.48	10.77
29	9.46	9.22	10.26	7.31	9.63	7.68
30	**9.45**	**10.73**	**10.22**	**12.66**	**10.07**	**9.9**
31	10.36	11.62	9.06	10.21	10.43	9.81
32	10.4	10.75	**12.06**	9.82	**8.86**	**11.82**
33	**10.63**	**13.69**	9.57	**11.65**	7.85	12.5
34	**10.15**	**11.46**	**10.75**	**11.18**	**11.58**	**13.6**
35	9.13	11.43	10.97	12.87	11.32	12.85
36	12.66	9.54	**9.52**	10.96	10.39	11.4

37	**9.36**	**11.25**	10.28	**10.67**	**9.44**	9.46
38	10.12	13.16	11.25	**12.23**	10.9	8.5
39	**11.98**	**12.12**	**13.42**	13.53	**7.46**	**10.99**
40	10.92	13.49	9.33	12.32	10.69	10.78
41-42	12.08	**13.1**	**10.69**	**9.95**	**13.05**	12.12
43-45	6.71	5.68	4.54	5.44	4.97	4.85
평균	9.7356	10.3672	10.1956	10.0588	9.4312	10.2184

괄호 안: 1등급 비율, 볼드체: 3점 문항, 음영: 오답률 탑5, 2026학년도 수능 영어 독해 지문 AR 지수 평균: 10.15, 1등급 비율: 3.1%

수능 영어 읽기 수준과 함께 우리나라 중고등학생들에게 주로 추천하는 영어책들을 살펴보는 것도 목표로 하는 영어 읽기 실력을 가늠해 보는 방법이 될 수 있다. 수능 영어를 준비하는 학생들에게 추천하는 영어 원서로는 다음의 세 권을 예로 들 수 있다.

한 권은 재레드 다이아몬드 Jared Diamond의 『Collapse 문명의 붕괴』(12.3)이고, 다른 한 권은 스티븐 호킹 Stephen W. Hawking의 『A Brief History of Time 시간의 역사』(10.5), 또 다른 한 권은 마고 리 셰털리 Margo Lee Shetterly의 소설 『Hidden Figures 히든 피겨스』(9.7) 이다.

세 권 모두 AR 9.7 이상의 높은 읽기 수준을 요구하는 책들이다. 수능 영어의 읽기 레벨과 우리나라 중고등학생에게 추천하는 영어 원서의 수준을 종합하면 수능 영어 1등급을 받기 위해 우리나라 고등학생들은 대략 AR 10점 이상의 읽기 실력을 갖추어야 하는 것으로 보인다.

주의할 점은 읽기 수준이 AR 10점 이상인 미국 고등학생이라 해도 항상 그 수준의 책만 읽는 것은 아니라는 점이다. 미국 고등학생들이 대학 입시의 일환으로 준비하는 AP 시험이 있다. AP는 고등학생이 대학 수준의 과목을 수강하고 시험을 통해 대학 학점이나 과목 면제 혜택을 받을 수 있는 제도이다. 어떤 AP 과목을 수강했는지는 대입 전형에서 해당 전공에 대한 관심과 열정을 보여 주는 지표가 되기도 한다.

특히 AP 과목 중 하나인 AP English Literature and Composition 영미 문학과 작문은 영미권 문학 작품을 읽고 분석하며 에세이를 작성하는 과목으로, 우리나라 수능 국어의 문학 파트와 유사한 점이 있다.

이 AP English Literature and Composition에 출제된 Top 50 문학 작품들의 읽기 레벨을 조사하면 재미있는 부분이 있다. 출제된 작품들은 AR 4점대부터(예: 헤밍웨이Hemingway의 『The Sun Also Rises태양은 다시 떠오른다』(4.4)) 12점대까지(예: 메리 셸리Mary Shelley의 『Frankenstein프랑켄슈타인』(12.4)) 널리 분포되어 있다. 이 중 7~8점대의 작품들이 15권 정도로 가장 많고, 5~6점대 9권, 9~10점대 6권 등

영어 적기교육의 비밀

으로 그 뒤를 잇고 있다. 결론적으로, 대입을 위해 영문학 시험을 치르는 미국 고등학생들도 평균 7~8점대의 책들을 가장 많이 읽는다고 볼 수 있다.

따라서 우리나라 아이들이 '수능 영어도 1등급'을 받기 위해서는 문장 구조의 복잡성이나 어휘 수준에 있어서 영어 읽기 레벨이 AR 10~13점대인 글들도 이해할 수 있어야 하지만 평균적으로 읽기 레벨 AR 7~8점대인 영어책을 즐겨 읽을 수 있는 수준이면 된다고 볼 수 있다. 그런 책으로는 샬롯 브론테Charlotte Brontë의 『Jane Eyre 제인 에어』(7.9)와 스콧 피츠제럴드F. Scott Fitzgerald의 『The Great Gatsby 위대한 개츠비』(7.3) 등이 있다. 미국 중고등학생들이 읽는 영미문학 고전에 속한다.

아동 인지발달단계

육아를 해 보면 아동의 신체발달단계를 눈으로 직접 확인할 수 있다. 아이는 태어나서 목을 먼저 가누고, 생후 6개월이 지나면 혼자 앉고, 만 1세 전후로 혼자 서서 걷기 시작한다. 만 2세경 신체의 조그만 근육인 괄약근을 조절할 수 있게 되어 배변을 할 수 있게 된다. 물론 개인차는 있지만 전 세계 모든 아이들이 거의 예외 없이 비슷한 순서로 자라난다. 그렇다면, 아이의 생각하고 이해하는 능력인 인지認知는 어떤 단계를 거치며 발달할까?

인지발달은 아동의 뇌에서 일어나는 것으로 신체발달처럼 직접 눈으로 확인하기는 힘들지만 그동안의 연구를 통해 어느 정도 그 단계와 흐름을 짐작할 수 있다. 그리고 중요한 건, 인지발달도 신체발달과 마찬가지로 반드시 이전 단계를 거쳐야만 다음 단계로 성장할 수 있다는 사실이다. 목을 가누어야 앉고, 앉아야 걸을 수 있듯이, 아이의 사고력도 단계를 건너뛸 수 없다.

가장 대표적인 아동 인지발달 전문가는 스위스의 인지심리학자 장 피아제Jean Piaget이다. 피아제는 원래 동물학에 깊은 관심을 가져 10대에 이미 연체동물에 관한 여러 논문을 발표했다. 이후 파리로 건너가 비네 연구소에서 지능검사 개정 작업을 도우며, 아동들이 같은 문제에 반복적으로 보이는 오답 패턴을 면밀히 관찰하게 된다. 그는 단순한 정답률보다는 아동의 사고방식 자체가 연령에 따라 질적으로 변한다는 사실에 주목한다. 이러한 문제의식을 바탕으로 그는 자신의 세 자녀를 비롯한 여러 아동을 꾸준히 관찰하고 실험하여 아동 인지발달단계 이론을 정립하게 된다.

피아제의 아동 인지발달단계는 다음의 표와 같다.

나이	발달 단계	주요 특징	예시
0~2세	감각운동기 (Sensorimotor Stage)	감각과 신체 움직임을 통해 세상을 인식하는 시기로 사물이 눈앞에 있을 때만 존재를 인식	인형이 시야에서 사라지면 없어졌다고 인식한다 (대상 영속성 미획득).
2~6세	전조작기 (Preoperational Stage)	사물의 모양이나 배열이 바뀌면 수나 양도 달라졌다고 인식, 논리적 사고나 정신적 조작 어려움	같은 양의 물이라도 좁고 긴 컵에 담긴 물이 더 많아 보인다고 생각한다(보존 개념 미획득).
7~11세	구체적 조작기 (Concrete Operational Stage)	구체적인 사물이나 상황을 통해 논리적 사고 가능	피자나 초콜릿 조각을 이용하여 분수나 나눗셈 개념을 이해할 수 있다.
12세~	형식적 조작기 (Formal Operational Stage)	추상적, 논리적 사고 가능, 가설, 변수 등을 활용한 문제 해결	x, y 같은 추상적 기호를 사용해 함수 개념을 학습할 수 있다.

피아제의 4단계 인지발달이론을 영어교육에 적용하면 아이에게 언제, 어떤 영어 학습이 적절한지 가늠할 수 있다.

· 감각운동기(0~2세)

이 시기의 아이는 오감을 통해 세상을 탐색하며 '감각'과 '움직임'을 통해 배우는 단계이다. 소리, 촉감, 색깔 같은 자극을 통해 세상을 인식하기 때문에 '보여 주고, 만지게 하고, 들려주는' 영어 노출이 효과적이다.

단어나 문장을 이해하지 못하더라도 엄마의 목소리로 영어 노래나 자장가를 들려주는 것만으로도 언어 리듬과 억양에 익숙해질 수 있다. 공부나 학습이 아니라 애착과 즐거움을 중심으로, 언어의 기초 감각을 만들어 주는 시기이다.

• 전조작기(2세~6세)

이 시기의 아이는 상상력과 모방 능력이 폭발적으로 성장하지만, 아직 글자나 문자의 규칙을 체계적으로 이해하기는 어렵다. 눈앞에 보이는 세계와 상상 속 세계의 경계가 흐려서, 산타 복장을 한 사람을 진짜 산타로 믿는 시기이기도 하다. 따라서 아이에게 중요한 것은 '이해'가 아니라 '경험'이다.

이 시기의 영어교육은 파닉스나 문법보다 감각적인 언어 노출과 이야기 경험에 초점을 두어야 한다. 그림책을 반복해서 읽어주고, 익숙한 영어 노래를 들려주며, 간단한 인사나 의성어를 함께 따라 하게 하면 좋다.

아이에게는 "왜 이렇게 읽는지"를 설명하기보다, "이건 이렇게 들려서 재미있지?"라든가 "이런 이야기가 실제로 일어난다면 어떨까?" 식의 감정적 연결이 훨씬 중요하다. 그림책 속 이미지, 리듬, 반복되는 문장 구조를 통해 영어의 리듬과 소리를 몸으로 익히고, 재미있는 이야기 구조를 체득하는 시기이다. 즉, 전조작기 영어교육의 핵심은 '이해시키는 공부'가 아니라 '느끼게 하는 놀이'다.

• 구체적 조작기(7세~11세)

이 시기의 아이는 논리적 사고와 비교 능력이 발달하며, 구체적인 사례를 통해 개념을 이해하기 시작한다. '왜 이렇게 되는지'에 대한 기초적인 사고가 가능해지고, 소리와 글자를 직접 보고 들으면서 그 관계를 조작하고 실험해 보는 학습이 가능해진다.

따라서 이 시기는 파닉스 학습과 리더스북 읽기를 본격적으로 시작하기에 가장 적합한 시기다. 직접 보고, 듣고, 따라 읽는 과정을 통해 영어의 소리와 철자 간의 규칙을 자연스럽게 익히게 된다.

하지만 아직 추상적인 규칙만으로는 문장을 제대로 써내기 어렵기 때문에, 형식적인 문법보다 구체적인 문장에 우선 노출되어야 한다. 책을 큰 소리로 읽고, 문장을 반복해서 따라 하거나 외워 보며, 노래나 동영상 속 표현을 흉내 내는 등의 활동이 아이의 영어 두뇌를 자연스럽게 성장시킨다. 즉, 구체적 조작기 영어교육의 핵심은 '이론보다 실습', '설명보다 체험'이다.

• 형식적 조작기(12세 이상)

이 시기의 아이는 추상적 사고와 비판적 사고가 가능해지며, 언어의 구조를 논리적으로 이해할 수 있다. 지금까지 경험으로 익힌 영어 문장을 규칙적으로 정리하고 체계화할 수 있는 시기다.

문법이나 어법 같은 추상적 개념도 이해할 수 있기 때문에, 그동안 자연스럽게 익힌 영어 표현을 '왜 그렇게 되는가'라는 관점에서 분석하며 배운다.

에세이 쓰기, 토론, 프레젠테이션 등 사고력 중심의 영어 활동을 통해 표현력과 논리력을 함께 키워 나간다. 즉, 단순히 영어를 '배우는' 단계를 넘어, 영어로 '생각하고 말하는' 진짜 학습자로 성장하는 시기다. 지금 자녀의 인지발달단계를 머릿속에 떠올려 보고, 시기에 맞는 영어교육법으로 이끌어 주자.

[표3] 아동 인지발달단계에 따른 영어교육의 예

나이	발달 단계	영어교육에 적용시킨 예
0~2세	감각운동기 (Sensorimotor Stage)	촉감책, 사운드북 등을 보여주며 영어 노래를 자주 들려준다. 까꿍놀이인 피카부peekaboo 놀이를 한다.
2~6세	전조작기 (Preoperational Stage)	산타 복장을 한 사람을 진짜 산타로 믿는 등 상상력이 풍부하고 현실과 상상의 구분이 약한 시기이므로 그림책을 많이 읽어준다.
7~11세	구체적 조작기 (Concrete Operational Stage)	소리와 글자를 직접 보고 들으면서 그 관계를 조작할 수 있으므로 파닉스를 익히고 영어책 읽기를 연습한다.
12세 ~18세	형식적 조작기 (Formal Operational Stage)	비판적·추상적 사고가 가능하므로 지금까지 구체적인 문장으로 익힌 영문법을 체계적으로 정리한다.

2

OK 잉글리시

매트릭스

: 아이의 발달을 정확히 읽고 설계하는 맞춤형 영어 로드맵

OK 잉글리시 매트릭스란 무엇인가

나는 대학에서 영문학과 영어교육을 전공하고, 영어 교사로 오랜 시간 아이들을 가르쳐 왔다. 동시에 부모로서 한 아이의 영어교육을 18년 넘게 함께하며, 교육 현장과 가정에서 영어학습의 현실을 직접 경험했다. 아이가 초등학교 6학년이던 2018년에는 『내 아이 영어교육 이렇게 하면 끝』(넥서스 펴냄, 2018)을 출간하기도 했다. 그만큼 영어교육에 대해 깊이 고민하고, 연구하며, 실제로 실천해 왔다.

그 과정에서 친구들, 학생들, 학부모님들과 수백, 어쩌면 수천

건의 상담을 진행하며 깨달았다. 부모들이 자녀 영어교육에서 겪는 고민은 비슷하다는 것, 그리고 그 해답은 아이의 '나이'와 '영어 수준'의 균형에 있다는 점이다. 나는 이 원리를 한눈에 설명할 수 있는 도표로 정리했고, 그것이 바로 'OK 잉글리시 매트릭스OK English Matrix, 이하 OKEM'이다.

'매트릭스Matrix'라는 단어는 다소 낯설게 들릴 수 있다. 하지만 기업 경영에서는 이미 'BCG 매트릭스'처럼 시장 점유율과 성장 가능성이라는 두 축을 기준으로 전략을 분석하는 도구로 사용되고 있다. 영어교육 역시 두 축으로 설명할 수 있다. 하나는 아이의 나이(혹은 학년), 다른 하나는 영어 읽기 수준이다.

기존의 영어교육 로드맵은 주로 '그림책 → 리더스[1] → 챕터북[2] → 소설'처럼 한 줄로만 설명된다. 하지만 실제 영어학습은 그렇게 단순하지 않다. 아이의 발달단계, 영어 수준, 흥미, 환경이 서로 얽혀 있기 때문이다. 그래서 나는 선線이 아니라 면面 위에 자녀의 영어학습 위치를 좌표로 표시할 수 있는 매트릭스 형태로 발전시켰다. 이 도표를 보면 자녀의 영어학습의 과거와 현재, 그

---

1. 리더스Readers는 이야기의 흐름보다는 학습자의 영어 능력에 중점을 두어 어휘 수, 문장 길이, 문법 구조를 조절해 놓은 단계별 읽기 연습용 영어책이다.
2. 챕터북Chapter Book은 리더스보다 한 단계 높은 수준의 아동용 읽기책으로, 그림보다는 글이 중심이 된다. 책 한 권이 여러 개의 '챕터(Chapter, 장)'로 나뉘어 있으며, 주로 여러 권의 시리즈로 출간된다. 챕터북은 영어 읽기가 어느 정도 되는 아동이 '읽기 유창성Reading Fluency'을 키우기 위해 다독하기에 적합한 책 유형이다.

리고 앞으로의 방향까지 한눈에 볼 수 있다.

OKEM의 구조와 활용

OKEM의 가로축에는 자녀의 나이(또는 학년), 세로축에는 영어 읽기 수준이 표시된다. 예를 들어 (7, 1.1)이라면, 초등 1학년 무렵에 AR 1.1 수준의 영어책을 읽고 있다는 뜻이다. 아이가 아직 영어책을 읽지 못한다면 (6/초1, BR)처럼 표시할 수도 있다. 초등 1학년이면서 영어 읽기를 시작해야 하는 초급 독자Beginning Reader라는 뜻이다. 자녀가 영어유치원에 다니며 리더스를 읽는다면 (5, 2.0)정도로 기록할 수 있다.

도표의 중앙에는 무지개색으로 표시된 'OK Zone'이 있다. 아이들은 이 구간을 따라 18년 동안 영어학습을 이어 가며, 그 중심에는 평균적인 성장선을 의미하는 'OK Line'이 지난다. 왼쪽 위의 A Zone은 일반적인 발달 속도를 넘어, 사실상 현실에서는 달성하기 어려운 AI 수준의 영어 실력에 해당한다. 반면 오른쪽 아래의 B Zone은 영어 노출이 부족하거나 흥미를 잃은 아이들이 위치한 구간이다. 이 구간은 방치될 경우 영어를 포기하고 싶은 마음이 들 수 있어 조기 점검이 필요하다.

부모는 자녀의 현재 위치를 좌표로 확인할 수 있다. 책에 첨부

되어 있는 OKEM을 떼어 내 붙여 두고 자녀의 위치를 표시해 보자. 자녀의 영어 읽기 레벨을 정확히 모른다면, 현재 읽고 있는 책의 수준을 바탕으로 대략적인 위치를 추정해 봐도 된다. 또는 AR 북파인더 사이트 arbookfind.com에서 책 제목을 검색하면 해당 도서의 읽기 수준을 확인할 수 있다. 일반적으로 리더스는 AR 1~2점대, 챕터북은 AR 2점대 후반~3점대에 해당한다. 완벽한 수치보다 중요한 것은 현재의 위치를 인식하고 앞으로의 방향을 세우는 것이다.

[매트릭스1] OKEM의 구조

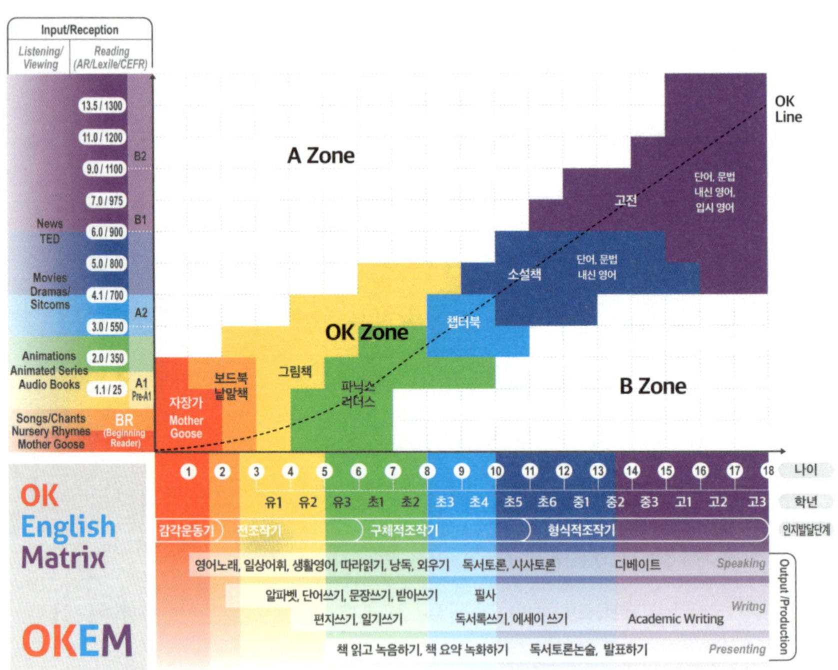

몇 가지 구체적인 사례를 통해 OKEM을 확인해 보자.

① 소설 속의 초능력자, 마틸다

로알드 달의 유명한 소설 『Matilda 마틸다』에는 초능력을 가진 소녀 마틸다가 등장한다. 이 아이는 생후 18개월에 말을 완벽히 하고, 세 살에는 글을 읽는다. 네 살이 되면 스스로 도서관에 가서 『The Secret Garden 비밀의 화원』(6.3) 같은 고전 아동문학을 섭렵하고, 이후에는 찰스 디킨스Charles Dickens의 『Great Expectations 위대한 유산』(9.2)까지 읽는다.

OKEM 좌표로 보면 (4, 9.2)의 수준이니, 4살에 9학년 수준의 영어책을 읽는 셈이다. 이것은 A Zone, 다시 말해 AI 수준의 영어 실력이라 할 수 있다. 현실에서는 불가능에 가깝지만, 간혹 A Zone에 속하는 실력을 갖춘 실제 사례를 발견하기도 한다.

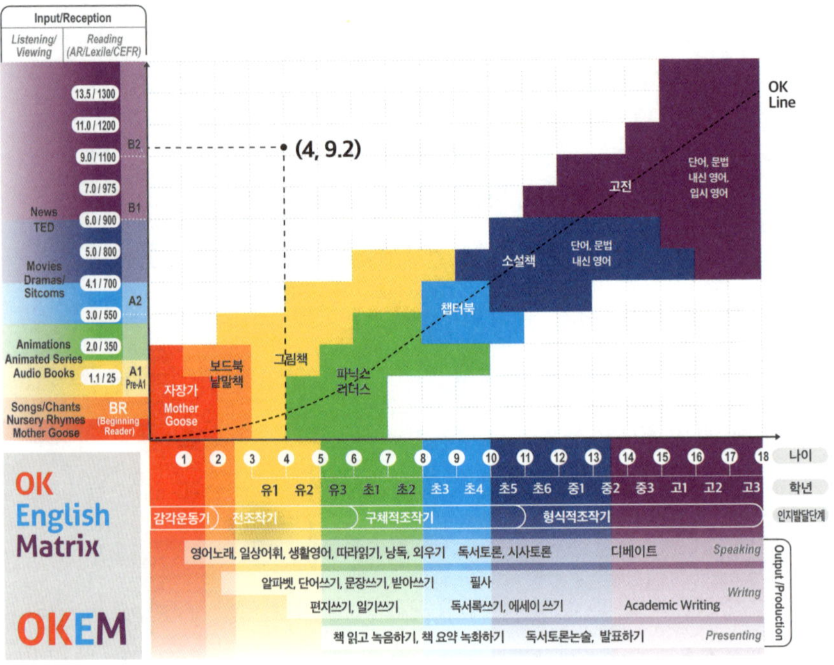

② 현실 속 A Zone, '만두' 이야기

『그저 영어 그림책을 읽어 줬을 뿐입니다!』(미류책방 펴냄, 2023)의 저자 '만두 아빠'는 딸에게 영어 그림책을 꾸준히 읽어 주며 자녀의 영어 능력을 길러 왔다. 아이가 유아기일 때부터 그림책을 읽어 주고, 유치원 때는 챕터북에 해당하는 『Magic Tree House 매직 트리 하우스』 시리즈의 오디오북을 들려주었다. 초등 2학년에는

『Harry Potter 해리 포터』 오디오북까지 접하게 했다.

초등 3학년이 되자 아이는 혼자서 『A Long Walk to Water 우물 파는 아이들』(5.0)를 읽을 수 있게 되었고, 이는 OKEM 좌표상 (초3, 5.0), 즉 거의 A Zone에 해당하는 수준이다. 이 아이는 중고등학교에 이르면 영문학 고전은 물론,『총 균 쇠 Guns, Germs, and Steel』(12.6) 같은 인문학 서적도 원서로 읽을 수 있을 것이다.

[매트릭스3] 현실 속 A Zone 만두의 OKEM 좌표

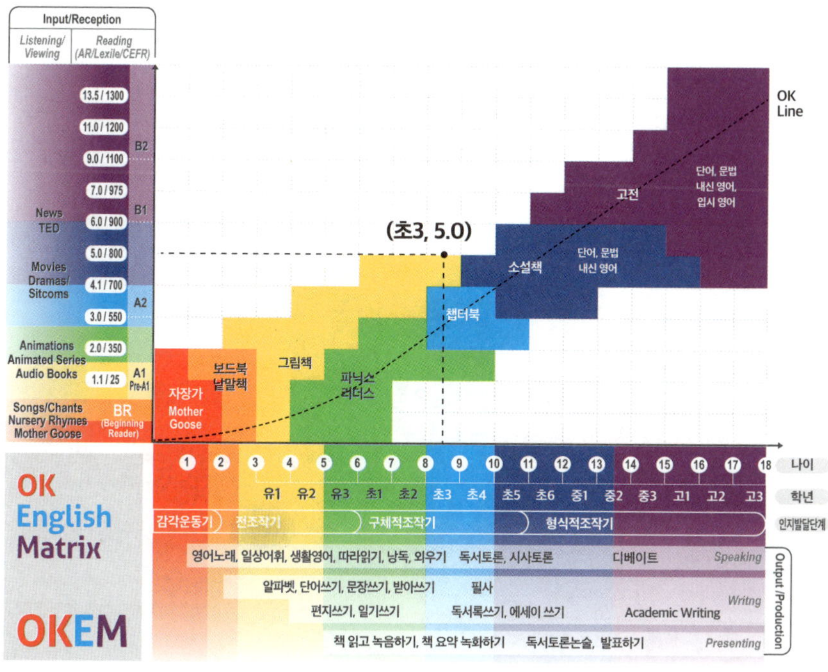

③ B Zone, 영어가 두려운 아이들

그렇다면 B Zone은 어떤 경우일까? 실제로 중학교에 가 보면 한 반에 한 명꼴로 파닉스조차 제대로 하지 못하는 학생이 있다. 예를 들어 중학교 3학년인데 영어책 읽기를 거의 하지 못하고, 영어를 거부하는 학생인 것이다. OKEM 좌표로는 (중3, 2.0) 정도일 수 있다. 실질적으로 중학생인데 영어가 원어민 초등 2학년 수준에 해당하는 읽기 실력이다.

[매트릭스4] B Zone에 속하는 중학생의 OKEM 좌표

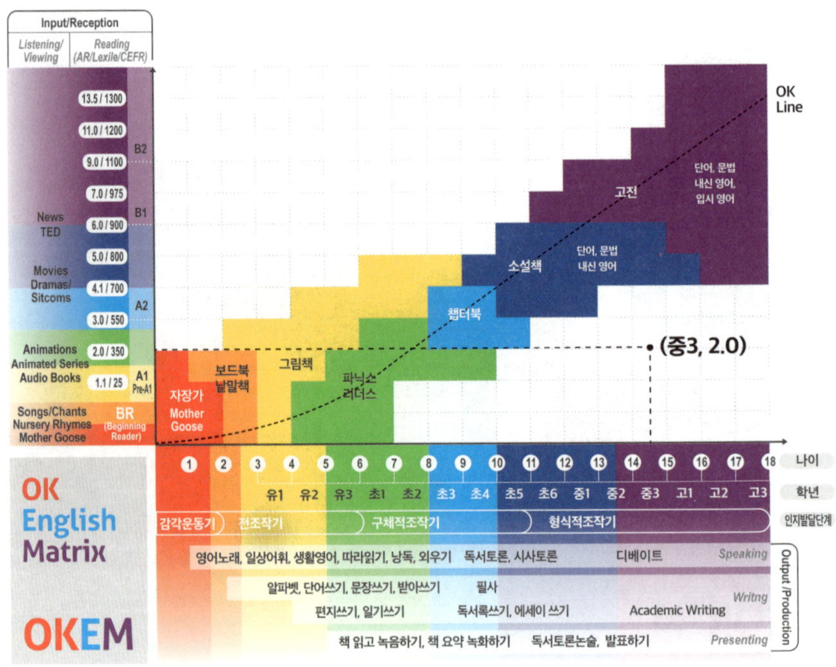

이런 경우 듣기나 말하기는 괜찮을 수 있을까? 안타깝지만 그렇지 않은 경우가 대부분이다. 이 아이들은 영어를 싫어하고 기피하며, 스스로 "영어는 포기했어요"라고 말하기도 한다. 사실 한 달 정도만 집중적으로 공부해도 다시 출발할 수 있는 여지가 있지만 문제는 감정과 태도에 있다.

이렇듯 B Zone은 '영포존'이 될 수 있으며, 여기서 벗어나기 위해서는 영어에 대한 부정적 경험을 줄이고, 학습 동기를 다시 살려야 한다. 영어 '부스터 샷Booster Shot'이 꼭 필요한 구간이다.

④ 현실적인 OK Zone의 예

마지막으로 내 아이의 사례를 살펴보려 한다. 아이는 영어유치원은 아니었지만, 원어민 교사가 영어로 놀이를 해 주는 프로그램이 있는 유치원에 다녔다. 초등 1학년 때에는 간단한 영어 문장을 읽을 수 있게 되었고, 초3에는 『Nate the Great 네이트 더 그레이트』를 읽기 시작했다. 챕터북을 즐기는 수준으로 완전히 안착하지는 못했지만, 영어 동영상은 더빙이 아닌 원어로 꾸준히 시청했다.

초5에는 영화를 미리 보고 즐긴 덕분에 『Harry Potter and the Sorcerer's Stone 해리 포터와 마법사의 돌』(5.5)을 영어책으로 읽었고, 이후에는 국제중과 외대부고에 진학하며 영어책 읽기와 듣기 습관을 지속할 수 있었다. 고등학교에서는 수업 시간에 『Hamlet 햄

릿』(10.5), 『Heart of Darkness 암흑의 핵심』(9.0)를 읽었고, 개인적으로는 『The Stranger 이방인』(6.8)와 『Slaughterhouse-Five 제 5도살장』(6.0) 등을 읽었다.

OKEM 좌표상 전형적인 OK Zone 안에서 비교적 안정적으로 영어교육이 이루어진 경우라 볼 수 있다. 하지만 돌아보면 아쉬운 점도 있었다.

첫째, 초등 입학 전 유아·유치 시기에 영어 그림책을 충분히 읽어 주지 못한 점이 아쉽다. 영어 그림책은 각각이 거의 예술 작품이라 가격도 높고, 수준도 일정하지 않아 책을 꾸준히 구비하는 데 어려움을 느꼈다. 그래서 아이가 네다섯 살 무렵부터는 리더스 책으로 바로 넘어가게 되었다. 리더스는 비교적 균일한 수준의 책이 많고, 내용도 단순해서 선택이 수월했다.

하지만 지금 돌아보면, 아이가 전조작기였던 시절에 풍부한 상상력과 창의력을 자극할 수 있는 그림책을 더 많이 읽어 주었더라면 책에 대한 흥미를 더욱 키워 줄 수 있었겠다는 생각이 든다. 기승전결이 분명하고 이야기의 완결성이 높은 그림책은 단순한 읽기 자료가 아니라 하나의 작품으로서 아이의 언어적·감성적 성장에 큰 도움이 된다. 조금 힘들더라도, 초등 전에는 한 편의 예술 작품처럼 아름답고 정성스럽게 만들어진 영어 그림책을 많이 읽어 주길 권한다.

둘째, 리더스 이후 챕터북 단계에 진입할 때 충분한 적응 기간 없이 곧바로 소설로 넘어갔던 점도 아쉬움으로 남는다. 아이가 이야기 속에 몰입해, 챕터북 시리즈를 반복해서 읽고 또 읽으며 다독의 경험을 쌓았더라면 지금 더 깊이 있는 독자가 되어 있지 않았을까 싶다. 아쉽게도 아이는 『Zootopia 주토피아』나 『Harry Potter』 같은 단행본으로 바로 건너뛰게 되면서 챕터북 시기의 독서 경험이 다소 빈약해졌다.

아이가 고등학생이 된 후 돌아보니, 영어독서의 중심이 되어야 할 허리 부분이 약한 느낌이었다. 마치 젠가 블록 중간이 비어 있는 것처럼, 독서의 균형감이 다소 흔들리는 구조로 느껴지기도 했다. 그림책, 리더스, 챕터북, 그리고 소설로 이어지는 영어책의 각 단계를 충분히 누리고 채워 나가는 것은 중요하다. 각 발달 단계에 맞는 독서 경험이 쌓일 때, 언어 실력뿐 아니라 독서에 대한 흥미와 자신감도 함께 자라난다. 그러니 아이의 성장 속도에 맞춰 각 단계의 책을 촘촘히, 충분히 읽혀 주기를 추천드린다.

3 OK 잉글리시 매트릭스 상세일정

OK Zone은 총 일곱 개의 하위영역Subzone으로 나뉘며, 이를 보다 쉽게 기억할 수 있도록 무지개색으로 표현했다. 우리나라에서는 무지개색을 '빨주노초파남보'로 기억한다. 영어권에서는 red, orange, yellow, green, blue, indigo, violet의 앞 글자를 따서 만든 이름인 '로이 지. 비브Roy G. Biv'로 외운다. 우리나라 아이들이 무지개색을 빨주노초파남보로 외우듯, 영어권 아이들은 무지개색을 잊지 않도록 설명해 주는 상상의 인물인 Roy G. Biv로 외우는 것이다. 서로 다른 언어와 문화권이지만, 아이들이 배우는 방식에는 이처럼 공통점이 많다.

OK Zone의 일곱 단계는 아동의 연령과 영어책의 형태 및 수준에 따라 구분된다. 자장가·마더구스 → 보드북·낱말책 → 그림책 → 파닉스·리더스 → 챕터북 → 소설책 → 고전으로 이어지는 흐름이다.

기존의 영어교육서가 대부분 영어독서를 네 단계로 구분했다면, 나는 그림책 이전의 초기 노출 단계로 마더구스Mother Goose와 보드북Board Book · 낱말책Word Book 단계를 따로 분리했다. 이는 글밥 있는 그림책을 기다리지 말고, 태어날 때부터 너서리 라임즈Nursery Rhymes라고 불리는 영어 자장가나 촉감책, 낱말책 등으로 자연스럽게 영어를 접하게 하자는 의미다. 영어도 우리말처럼 적절한 시기에 자연스럽게 접할 수 있도록 하기 위해서이다.

이러한 단계에 너무 얽매일 필요는 없다. 핵심은 '연령별로 접근할 수 있는 책의 종류가 다양하다'는 점을 이해하는 것이다. 한 살 아이에게 네 살이 즐겨 읽는 그림책을 읽어 주고는 아이가 흥미 없어 보인다고 "우리 아이는 책을 안 좋아해요"라고 생각하는 일만 없으면 된다.

이 흐름의 끝에는 『해리 포터』를 자유롭게 읽는 영어 소설책 시기를 지나서 『동물농장 Animal Farm』과 같은 영어 고전과 『총 균 쇠』, 『시간의 역사』 같은 인문학책, 과학책들도 원서로 읽는 고전 단계를 덧붙였다. 영어교육의 목표는 소설 읽기나 수능 영어가 아니라 영어로 된 모든 문서를 읽고 이해하고 소통할 수 있는 수준이 되는 것이기 때문이다. 고전을 읽으면 수능 독해 공부가 저절로 될 것이다.

이 책에서는 OK Zone의 각 단계별 특징과 함께, 시기별 추천 활동과 도서, 음원, 영상 콘텐츠를 소개할 예정이다. 각 영역은 칼로 자르듯 명확하게 나뉘는 것이 아니라 이웃한 영역과 겹치는 부분이 있다. 예를 들어, 리더스 단계라고 해서 꼭 리더스만 읽어야 하는 것은 아니다. 아이의 흥미와 필요에 따라 그림책, 챕터북, 심지어 낱말책까지도 자유롭게 넘나드는 것이 자연스러운 영어 독서의 흐름이다.

이 책에서 소개하는 영어책, 음원, 영상 콘텐츠 등은 해당 시기에 참고할 수 있는 기본이 되는 콘텐츠 위주로 선별한 것이다. 이 밖에 셀 수 없이 많은 책과 동영상들이 있다. 매년 다양한 책이 출판되고 영화가 만들어지듯, 영어책과 영어 동영상도 매년 셀 수 없이 많이 나온다. 일일이 목록을 제시하는 것은 바다 속의 물고기를 종류대로 나열하려는 것과 같다. 중요한 것은 자료의 전체를 다 아는 것이 아니라, 필요할 때 어떤 책을 어디서 어떻게 찾을 수 있는지 아는 것이다. 마치 낚시하는 법을 알면 원하는 고기를 잡을 수 있는 것처럼 말이다.

예를 들어, 영어 원서 전문 서점 웬디북 wendybook.com에서는 연령별, 분야별로 다양한 책들을 잘 분류해 소개하고 있다. 『우리 아이 영어책 지도』(아이걸음 지음, 헤다 펴냄, 2021)라는 책에는 각 시기별로 추천할 만한 영어책들이 친절하고도 방대하게 정리되어 있어 유용하다. 매주 도서관이나 서점에 들러 어떤 책들이 있는지 둘러보는 것도 좋은 방법이다. 온·오프라인의 다양한 정보를 적극적으로 활용해, 자녀에게 적합한 책과 음원, 동영상을 시기별·단계별로 찾아 활용하자.

레드존

자장가/마더구스 단계

0세~2세

감각으로 세상을 배우는 시기,
소리로 영어의 기초를 시작해요

자녀 영어교육, 언제부터 시작해야 할까?

자녀 영어교육은 언제부터 시작해야 할까? 갓 태어난 아기에게 우리말로 자장가를 불러 주는 것을 조기교육이라고 말할 사람은 없을 것이다. 같은 맥락에서 갓 태어난 아기에게 영어로 자장가를 불러 주는 것은 조기교육이 아니라 적기교육이다. AI 시대, 대한민국 사람에게 우리말은 기본이고 영어는 필수가 된 지금, 다음 세 가지를 기억하면서 자연스럽게 영어와 친해지게 하자.

첫째, 영어보다 우리말이 우선이다. 모국어는 사고력과 정체성의 바탕이 되며, 탄탄한 모국어 실력은 영어 실력 향상에도 긍정적인 영향을 준다. 반대로 영어가 모국어보다 앞서게 되면 정체성의 혼란이나 소통의 어려움이 생길 수 있다. 따라서 우리말 교육에 먼저 힘쓰자.

둘째, 영어교육을 한다고 하여 알파벳부터 시작하면 안 된다. 알파벳은 한글을 가르칠 즈음 같이 자연스럽게 접하게 하면 된다. 영어도 우리말처럼 듣기와 말하기로 먼저 시작하자. 아이는 일상 속에서 들려오는 소리로 언어를 습득한다.

셋째, 0~2세는 '감각운동기'에 해당하며, '대상 영속성Object Permanence'을 아직 획득하지 못한 시기이다. 이 시기의 아이들은 눈앞에서 사라지면 존재도 사라진다고 인식하기 때문에, 주인공에게 사건이 발생하고 전개되는 이야기 구조는 이해하지 못한다. 따라서 만 2세 이전에는 이야기책보다는 자연관찰책처럼 실사나 그림 중심의 책을 보여 주며, 단편적인 단어를 알려 주는 것이 바람직하다.

예를 들어, 상어 그림을 보여 주며 "상어, shark", "무섭지? It's scary"라고 말해 주고, '바밤 바밤 바밤바밤바밤바밤' 하고 영화 〈조스Jaws〉의 배경음악을 흥얼거려 준다면 아이는 까르륵 웃으며 영어를 감각적으로 받아들일 것이다.

영어교육의 시작은 '애착'입니다

출생 후 첫 3년은 정서의 뇌인 변연계가 집중적으로 발달하는 시기이다. 이 시기의 핵심은 무엇보다 잘 자고, 잘 먹고, 즐겁게 지내며 안정된 애착을 형성하는 것이다. 이 시기의 정서적 안정은 이후 인지 발달과 학습 능력의 기초가 된다. 그러니 영어 노출도 '자연스럽고 즐겁게', '부담 없이 꾸준하게'가 핵심이다. 단지 한글책을 읽어 줄 때 영어책도 같이 읽어 주고, 우리말 노래 불러 줄 때 영어 노래도 같이 불러 주는 정도이지, 절대 '고시'를 준비하면 안 된다.

태어나면서부터 우리말과 함께 영어노출을 시킨다면 자장가부터, 돌이 지난 후 영어책에 관심을 가지게 되었다면 보드북과 낱말책을 읽어 주면 된다. 두 돌이 지난 후에는 마더구스, 보드북, 낱말책과 함께 간단한 스토리가 있는 영어 그림책을 읽어 주면 된다. 책의 수준은 우리말책 수준과 비슷하거나 조금 더 쉬운 정도면 된다.

이 시기에는 동영상 시청을 권장하지 않는다. 그러나 부득이하게 보여 주게 된다면, 처음부터 영어로 된 영상만 보여 주는 것이 좋다. 우리말은 들을 기회가 많은 반면 영어는 우리나라 환경에서 들을 기회가 거의 없기 때문이다. 어릴 때부터 영어로 들으면,

아이는 '원래 이런 것'이라고 받아들이며 거부감 없이 익숙해질 수 있다.

나는 아이가 돌이 되기 전에 영국 BBC가 만든 〈Teletubbies〉를 같이 보았다(엄마도 좀 쉬어야 하지 않겠는가). 이 방송을 통해 익힌 영어 표현은 'Big hug'였다. 이후 아이는 누구와도 빅 허그를 잘 하게 되었다. 또한 텔레토비의 인트로와 주제가는 아이에게 마음의 안정을 주는 친근한 영어 노래가 되었다.

Over the hills and far away, Teletubbies come to play.

One, two, three, four. Teletubbies.

Tinky Winky, Dipsy, Laa Laa, Po. Teletubbies, Teletubbies, say hello!

Tinky Winky, Dipsy, Laa Laa, Po. Teletubbies, Teletubbies, big hug!

Teletubbies

〈반짝 반짝 작은 별Twinkle Twinkle Little Star〉 노래도 꼭 영어로 외워서 불러 주자. 유튜브 채널 〈슈퍼심플송Super Simple Songs〉이 만든 해당 동영상은 현재 23억 뷰가 넘는다.

Twinkle Twinkle Little Star

마더구스 노래들은 이 시기에만 들려주는 것으로 그치지 않는다. 아이는 유치원과 초등 과정을 거치며 다양한 책과 영상물 속에서 마더구스가 언급되거나 패러디되는 장면을 자주 마주하게 될 것이다.

앤서니 브라운Anthony Browne의 그림책 『My Dad우리 아빠』에

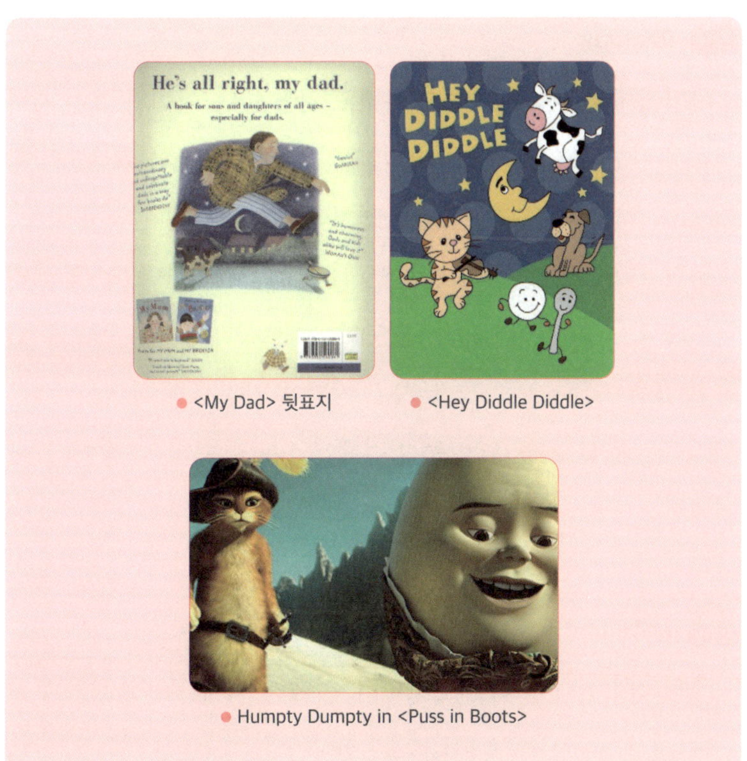

● <My Dad> 뒷표지　　● <Hey Diddle Diddle>

● Humpty Dumpty in <Puss in Boots>

나오는 '달을 뛰어넘는 아빠' 그림은 마더구스 〈Hey Diddle Diddle헤이 디들 디들〉과 관련이 있고, 애니메이션 〈장화신은 고양이 Puss in Boots〉에 나오는 험티덤티 Humpty Dumpty도 마더구스에 나오는 캐릭터이다.

영어교육법
– 일상의 소리처럼, 영어를 자연스럽게 들려주세요

📕 Reading

아이에게 한글책과 함께 영어책도 읽어 준다. 아이가 돌이 지나 책을 좋아한다면, 다음 장에 소개되는 오렌지존 추천 도서들도 함께 읽어 준다. 각 단계의 경계는 겹친다는 점을 항상 기억하자.

무엇보다도 감각을 자극하는 책을 많이 활용한다. 동물 소리나 자동차 소리 등이 나는 사운드북 Sound Book, 만지고 느낄 수 있는 촉감책 Touch and Feel Book, 목욕 시간에 가지고 놀 수 있는 목욕책 Bath Book, 물고 빨 수 있는 헝겊책 Cloth Book, Soft Book 등이 그 예이다.

🎧 Listening

영어노래와 자장가를 불러 준다. 아래에 소개하는 동영상과 음

● Mother Goose & Nursery Rhymes

● 촉감책

● 사운드북

● Bath Book

● 헝겊책

원들을 먼저 들어 보고 자극적이지 않고 사용하기 적절한 것들을
골라 소리 위주로 들려주자.

 Super Simple
Songs

Teletubbies 

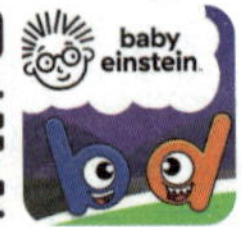 Baby Einstein

Mother
Goose Club 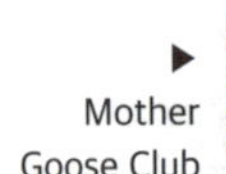

 CoComelon

Little Baby
Bum 

 **기타**

누르거나 발로 차면 영어가 나오는 장난감을 가지고 놀거나,
마사지를 해 주면서 〈머리 어깨 무릎 발Head Shoulders Knees and
Toes〉 노래를 불러 줘도 좋다. 눈을 마주치고 손으로 만져 주며 영
어를 들려주자. 애착 형성과 정서적 안정뿐 아니라 두뇌 발달에
도 도움이 된다.

오렌지존

보드북/낱말책 단계

(1세~3세)

|

놀이처럼 익히는 시기,
단어와 자연스럽게 친해져요

품에 안고 시작하는 영어책 읽어 주기

아이가 목을 가누고 앉을 수 있을 무렵부터 아이를 품에 안고 한글책과 함께 영어책을 읽어 주는 것을 시작할 수 있다. 이 시기는 대략 1세부터 3세 사이로, 인지발달단계로는 감각운동기에서 전조작기로 넘어가는 과도기이다.

아이가 책을 안전하게 다룰 수 있도록 종이책보다는 튼튼한 보드북을 활용하는 것이 좋다. 이 시기의 영어책은 주로 한 단어나 짧은 문장으로 구성되어 있어, 영어에 친숙해지고 기초 단어를 익히기에 적합하다. 이 시기에 특히 주의해야 할 세 가지는 다음과 같다.

첫째, 이 시기 아이에게 책은 이야기를 읽는 대상이기보다 만지고 탐색하는 '재미있는 장난감'이다. 따라서 기승전결이 뚜렷한 이야기책보다는 좋은 생활 습관을 익히는 데 도움을 주거나 일상 영어 표현과 단어에 자연스럽게 노출될 수 있는 친숙한 소재의 책이 좋다. 배변 훈련potty training, 양치질toothbrushing을 소재로 한 책 등이 좋은 예이다. 소근육이 발달하는 이 시기에는 팝업북Pop-up Book이나 들춰 보는 책인 플랩북Lift-the-Flap Book 같은 활동성 있는 책도 흥미를 불러일으킨다.

둘째, 아이의 우리말 어휘가 폭발적으로 늘어나는 시기인 만큼, 영어 단어도 함께 익힐 수 있도록 신경 쓴다. 이 시기 이용하기 좋은 소품은 단어카드이다. 영어 단어카드를 이용해 dog, strawberry 등 기본 명사를 익힐 수 있을 뿐만 아니라 happy, fast, run 등 형용사, 부사, 동사로도 단어를 확장할 수 있다. 들어서 이해하는 단어인 음성어휘가 많을수록 영어 읽기 연습 단계에서 파닉스를 더욱 수월하게 익힐 수 있다.

단어카드와 함께 단어사전도 이용할 수 있다. 알파벳 순서로 된 것보다는 'At Home', 'In the Sea' 등 주제별로 모아 놓은 단어사전이 좋다. 『First 100 Words』, 『My First Words』 등 도서관에 가서 여러 책을 직접 보고, 아이와 가장 잘 맞는 책 한 권 정도 소장하자. 한글 포스터 옆에 알파벳 포스터를 붙여 두는 것도 좋은 방법이다. 알파벳뿐 아니라 각 알파벳으로 시작하는 영어 단어도 익힐 수 있다.

셋째, 아이가 어릴 때부터 잠자리 독서 시간을 반드시 습관화하는 것이 중요하다. 불을 끄고 이야기를 들려주거나 노래를 불러 줘도 좋고, 책을 같이 읽는다면 한 권도 좋고 여러 권도 좋다. 잠자리에 든 아이와 함께 책과 이야기로 퀄러티 타임Quality Time을 갖는 것은 아이에게 줄 수 있는 최고의 선물이다.

나는 아이가 어릴 때부터 침대맡에서 책을 읽어 주거나 이야기를 들려줬다. 아이와의 잠자리 독서 시간은 18년이 지난 후 열매가 되어 돌아왔다. 대학 지원을 위해 작성한 에세이에서 아이는 첫 문단을 다음과 같이 시작했다.

The first story I remember was my mother's bedtime story about David and Goliath. It was an interesting story, but my interest in listening to the same story every night was the time I got to spend with my mom, cuddling together inside a soft blanket.

내가 기억하는 첫 번째 이야기는 엄마가 잠자기 전에 들려주셨던 다윗과 골리앗 이야기였다. 그 이야기는 흥미로웠지만, 내가 매일 밤 같은 이야기를 듣고 싶었던 진짜 이유는 포근한 이불 속에서 엄마와 꼭 껴안고 함께 보내는 그 시간이 좋았기 때문이다.

아이와 함께한 퀄러티 타임은 반드시 가치 있게 보답한다.

영어교육법 – 보드북과 단어놀이로 영어와 친해져요

📖 Reading

보드북, 낱말책, 팝업북, 플랩북 등 다양한 형태의 책을 활용해 책 읽기가 곧 놀이가 되도록 해 보자. 메이지Maisy, 스팟Spot처럼 같은 캐릭터가 반복 등장하는 시리즈를 읽는 것도 좋고, 에릭 칼Eric Carle, 카런 카츠Karen Katz처럼 동일한 작가의 책을 여러 권 이어서 읽는 것도 아이에게 안정감과 흥미를 줄 수 있다. 다음에 소개하는 책들을 참고해 보자.

🎧 Listening

영어 동요뿐 아니라, '노래로 부르는 영어책'으로 알려진 노부영 시리즈의 음원을 활용하는 것도 도움이 된다. 또한 유튜브에 책 제목을 입력하면 원어민이 직접 읽어 주는 그림책 음원을 대부분 찾을 수 있다. 먼저 듣고 연습하여 아이에게 영어책을 읽어 주자.

● Word Books

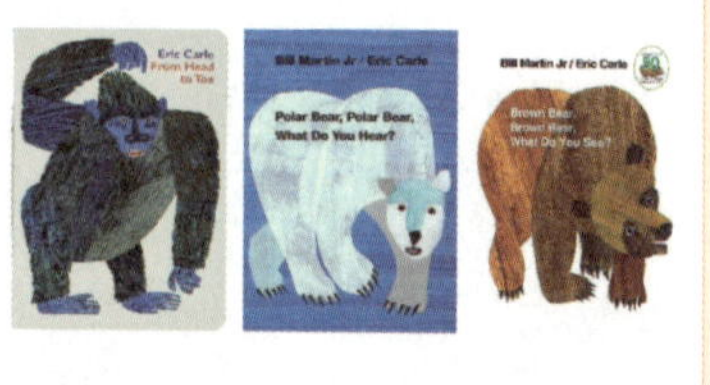

● Board Books by Eric Carle

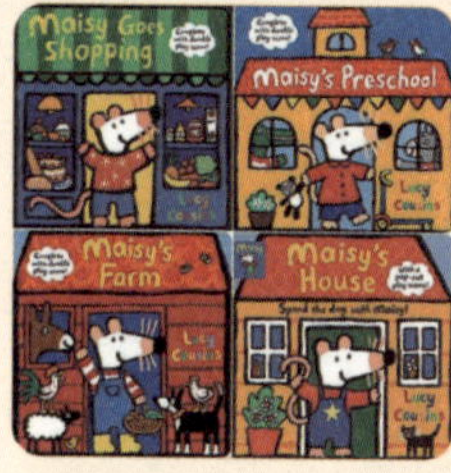

● Maisy Pop-up Books
by Lucy Cousins

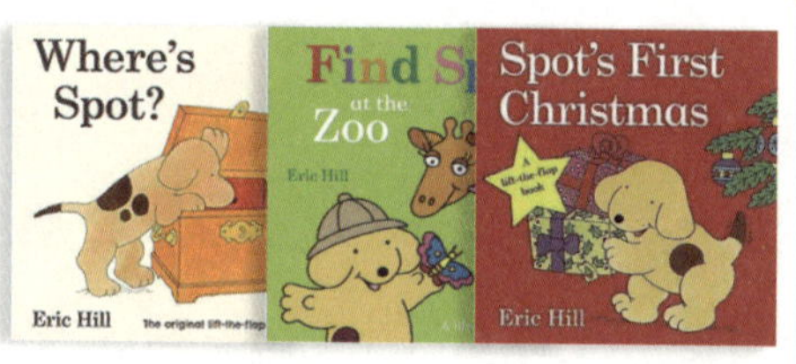

● Spot Lift-the-Flap Books & Board Books
by Eric Hill

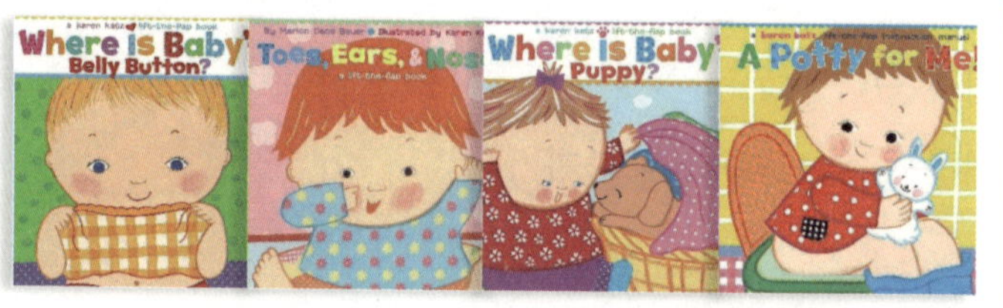

● Lift-the-Flap Books by Karen Katz

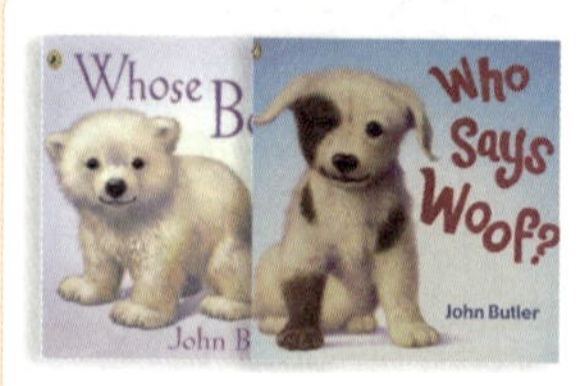

● Books by John Butler

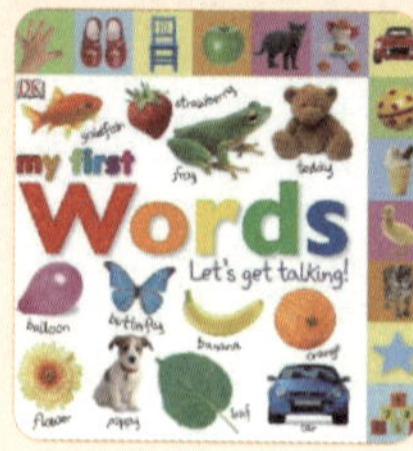

● DK My First Series

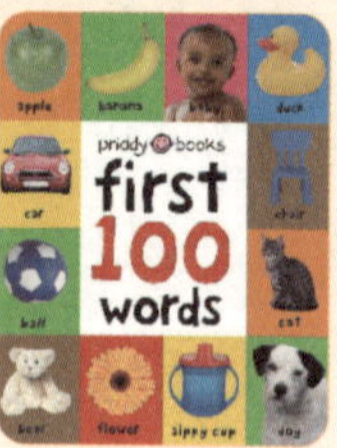

● Priddy Books

영어 적기교육의 비밀

이 시기 동영상 시청은 가능한 자제해야 하지만, 봐야 할 경우에는 영어로만 보여 주어 자막 없이 영어 동영상을 시청하는 것에 대한 거부감을 줄인다. 메이지와 해럴드 Harold 같은 캐릭터들은 아직 말을 잘하지 못하는 유아와 비슷하다. 어른 나레이터가 상황을 설명해 주고 대화를 이끌어 주는 형태라 유아들이 보면서 공감하기 좋다.

Eric Carle
보드북 음원

Harold and the
Purple Crayon

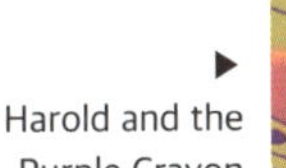  

Pinkfong

Maisy

Weesing

 **기타**

알파벳 노출은 아이가 색연필을 잡고 끄적일 수 있을 무렵부터 시작할 수 있다. 동그라미를 그릴 수 있다면, 그것은 한글 '이응' 이 될 수도 있고 알파벳 'O'가 될 수도 있다. 따라 그리기 놀이를 하거나 몸으로 알파벳을 만들어 보기도 한다. 알파벳 카드나 자석 등을 가지고 놀며 글자의 이름을 익히게 하고, 같은 이름을 가진 대문자와 소문자를 짝짓는 게임도 놀이로 활용할 수 있다. 알파벳 노래도 같이 연습한다.

플래시카드flash cards라고 불리는 단어카드를 활용한다. 〈에릭 칼 플래시카드〉 등 수백 장에 달하는 다양한 단어카드 세트를 구할 수 있다. 페파 피그Peppa Pig의 100단어, 1000단어 책들도 활용해 보자. 스티커를 붙이며 단어를 큰 소리로 따라 읽는 활동은 아이에게 흥미를 줄 뿐 아니라, 반복 노출을 통해 자연스럽게 단어를 익히게 한다.

이 시기의 단어 학습은 글자를 보고 읽어서 아는 시각어휘가 아니라, 귀로 듣고 이해하는 '음성어휘Listening Vocabulary'가 중심이 된다. 원어민 아이들은 글을 읽을 수 있기 전 이미 평균적으로 4000~5000개의 음성어휘를 가지고 있다고 한다. 우리 아이들도 200~1000개의 영어 음성어휘를 익힌 뒤에 파닉스를 시작할 수 있도록 하자. 'bug'가 무슨 뜻인지도 모르면서 '브-어-그' 소리만 익히게 해서는 안 된다. 들어서 이해할 수 있는 음성

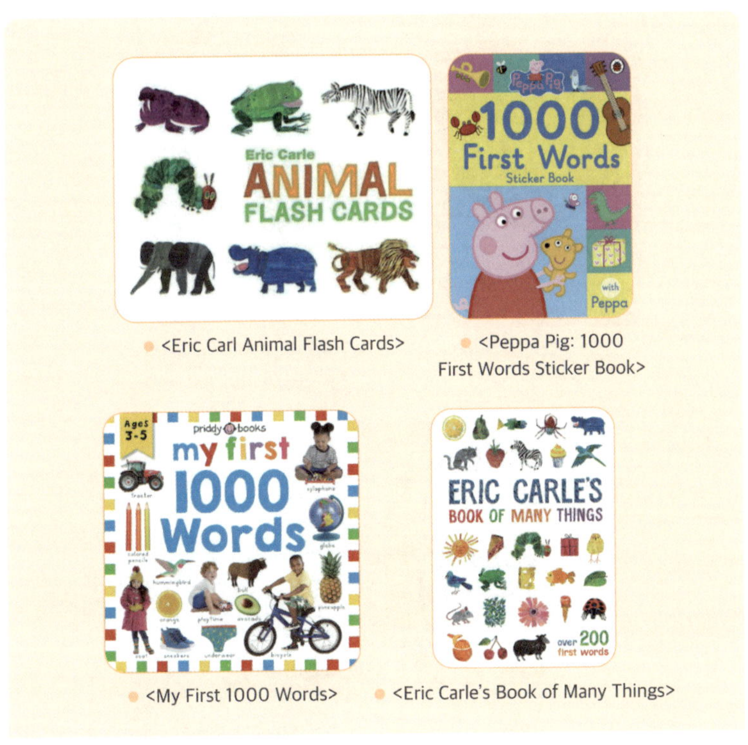

<Eric Carl Animal Flash Cards>

<Peppa Pig: 1000 First Words Sticker Book>

<My First 1000 Words>

<Eric Carle's Book of Many Things>

어휘가 먼저다.

단어카드를 이용하면 말하기까지 가능해질 수 있다. 예를 들어, 'I am happy', 'I am hungry', 'I am cold' 등의 문장은 단어카드를 가지고 놀면서도 아웃풋이 가능한 문장들이다. 단어카드 중 morning, afternoon, evening, night가 있다면 이것들을 이용하여 일상인사 연습을 할 수도 있다.

또 가구이름 bed, chair, desk, sofa, piano 등이 있다면 이것

● <맘스 잉글리시 표현사전>

● <엄마표 생활영어 표현사전>
　<엄마표 생활영어 회화사전>

● <매일 써먹는 1일 1문장
　엄마표 생활영어>

● <미국엄마와 함께하는
　리얼 엄마표 영어>

들을 집의 가구에 붙여 보는 놀이를 할 수도 있다. 아이들이 영어 책을 읽기 전부터 단어카드를 이용해 생활영어와 일상어휘를 습득하는 기회로 삼는다.

외출 시에는 색칠놀이용 마더구스나 낱말책 등을 챙기고, 문화 센터의 영어발레 클래스나 English Story Time 등 영어놀이 활동에 참여할 수 있다. 생활영어책 한 권을 옆에 놓고 수시로 보면서 온 가족이 영어 말하기를 연습해 본다.

이 시기의 목표는 영어를 공부가 아닌 '친숙한 언어'로 인식하게 하는 것이다. 놀이처럼, 노래처럼, 이야기처럼 자연스럽게 영어를 접한 아이는 이후 단계에서 훨씬 수월하게 영어를 받아들이게 된다.

옐로우존

그림책 단계

2세~8세

재미로 읽는 시기,
그림책으로 영어 감각을 넓혀요

영어, 놀이처럼 스며들게: 그림책과 생활 속 노출

아이들이 걸을 수 있을 뿐 아니라 기저귀를 떼고 뛰기 시작하는 2~3세 무렵부터는 다양한 영어 그림책을 읽어 준다. 그림책은 유아용부터 AR 4점대에 이르기까지 레벨과 종류가 다양하다. 전문 삽화가illustrator와 유명 그림책 작가들이 협업하여 만든 베스트셀러 그림책도 많다. 유아기부터 초등까지 얼마나 많은 그림책을 접하느냐에 따라 영어의 깊이와 예술적 감각이 남달라지기도 한다.

많은 학부모들은 이 시기에 영어교육 방향을 고민하게 된다.

일부는 영어유치원 같은 유아대상 영어전문학원에 교육을 맡기는 경우도 있다. 하지만 이제 우리말이 익숙해져 좀 더 복잡한 언어유희를 즐기고 사고력을 키워야 할 때 다시 아기와 같은 말을 배우게 되는 것은 아닌지 신중하게 생각해 봐야 한다.

물레방아의 원리를 이해하고 '물레방아'라는 제목으로 시를 지을 수 있는 나이에 또다시 "나는 사과가 좋아(I like apples)"를 배우고 있을 수는 없다. 뿐만 아니라 아직 한글도 읽지 못하는 전조작기에 있는 아이에게 문자와 소리를 조작하여 읽기 연습을 시키는 파닉스 교육을 하고 있지는 않는지 잘 살펴야 한다.

만 2세부터 한글과 영어를 읽을 수 있게 되는 초등 입학 전후까지는 '재미를 위한 독서 Reading for Fun'가 핵심이다. 아이를 꼭 껴안고 함께 영어책을 읽으며 즐거운 시간을 보내는 것이 영어교육의 출발점이자 뿌리가 된다. 다음의 다섯 가지 활동을 중점적으로 실행하면 된다.

첫째, 영어 듣기와 보기 습관을 들인다. 영어 노래와 영어책 음원 등 영어 듣기를 꾸준히 한다. 동영상을 볼 경우에는 모두 영어로 보도록 하여 자막 없이 영어로 듣고 보는 활동에 익숙해지도록 한다. 내 아이는 만 4세 때 처음으로 극장개봉 애니메이션 〈라푼젤Tangled〉을 보러 갔다. 당연히 더빙이 안 된 자막판이었다. 한글 읽기는 안 될 것이고, 어쩔 수 없이 영어로 들어야 하니 바닷

물은 아니어도 수영장물에 그냥 던져 넣어진 상태와 비슷하다. 물론 중간중간 어둠 속에서 질문과 대화가 오갔지만, 이후 집에서도 여러 번 시청하여 대사와 주제가를 거의 외우다시피 했다.

둘째, 영어 읽기를 지속한다. 영어책을 한글책 읽어 주듯 읽어 준다. 도서관에서 빌린 종이책, 온라인에서 접할 수 있는 디지털북, 서점에서 구매한 소장용 책, 대여프로그램으로 대여한 책 등 다양한 책을 재미있게 읽어 주거나 아이가 스스로 읽도록 이끈다. 책의 수준은 마더구스, 낱말책, 보드북, 그림책 등 자유롭게 선택하고, 4~5세 무렵부터는 리더스도 읽어 줄 수 있다. 또한, 어쩔 수 없이 디지털 기기를 사용해야 할 경우에는 영어 동영상 시청, 영어 디지털북 듣기 및 따라 읽기 등 의미 있는 활동을 할 수 있도록 디지털 환경을 조성한다.

셋째, 영어 말하기 연습을 할 수 있다. 영어 노래 부르기나 영어 단어를 활용한 간단한 생활 영어 표현들도 모두 훌륭한 말하기 활동이다. 영어책을 큰 소리로 따라 읽는 것 역시 중요한 영어 말하기 연습이다. 생활 영어책을 참고해 아이와 함께 실제 생활 속 표현들도 말해 본다.

넷째, 이미 언급한 단어카드와 알파벳카드를 십분 활용한다. 앞면에는 그림을 그리고, 뒷면에는 영어 단어를 써 보는 등 '나만의 영어 단어카드 만들기' 활동도 좋다. 알파벳 순서가 아닌 주제별로 구성된 어스본 출판사의 『First Thousand Words in

English』 같은 영어사전을 한 권 구입해 재미로 읽으며 영어 어휘를 조금씩 늘려간다.

다섯째, 체험형 영어 활동에 참여한다. 비용과 시간을 들여 참여하는 영어 활동을 하나 정해 두면 영어에 대한 관심을 꾸준히 유지하는 데 도움이 된다. 유치원에서 하는 영어놀이 시간, 도서관이나 문화센터에서 운영하는 영어 그림책 읽기 프로그램 등이 좋은 예이다.

영어교육법
— 그림책으로 이해하고 공감하는 힘을 길러 주세요

📖 Reading

다양한 수준과 주제의 그림책을 함께 읽어 주고 아이 스스로도 읽게 해 언어 감각과 상상력을 키울 수 있도록 한다. 초등학교에 입학해 파닉스를 익히고 읽기 연습용 책인 리더스를 읽기 시작한 이후에도, 예술적 가치가 높은 그림책을 계속 접할 수 있도록 돕는다.

칼데콧상 Caldecott Medal 수상작처럼 뛰어난 그림책이나, 앤서니 브라운, 모 윌렘스 Mo Willems 등 유명 작가의 작품뿐 아니라 데이빗 David, 비스킷 Biscuit, 페파 피그 Peppa Pig, 까이유 Caillou 등 친숙한 캐릭터가 등장하는 다양한 그림책도 함께 접하게 한다.

　그림책의 난이도는 글이 거의 없는 책부터 AR 4점대 수준까지 다양하다. 같은 4점대 책이라도 어른이 읽어 주는 것을 권장한다는 의미를 가진 'AD Adult Directed' 표시가 붙는 경우도 있다. 초등학교에 들어가 파닉스를 배우고 리더스를 읽는다고 해서 그림책을 졸업했다고 생각하지 말자. 초등학교 3학년까지는 아이가 다양하고 수준 높은 그림책을 계속 읽을 수 있게 해 주는 것이 중요하다. 그림책은 리더스보다 이야기 구조가 더 탄탄하고 복잡하며, 사용되는 어휘도 더 고급스럽고 풍부하기 때문이다.

　모 윌렘스 의 『Elephant & Piggie 엘리펀트 앤 피기』 시리즈는 읽기 연습을 위한 책인 리더스에 수여하는 '닥터수스상 Theodor Seuss Geisel Award'을 받은 작품이지만 읽기 레벨이 1점 전후이고, 대화 연습을 할 수 있는 말풍선이 있는 등 초등 전에 읽어 주고, 같이 읽어 보기 좋은 시리즈이다.

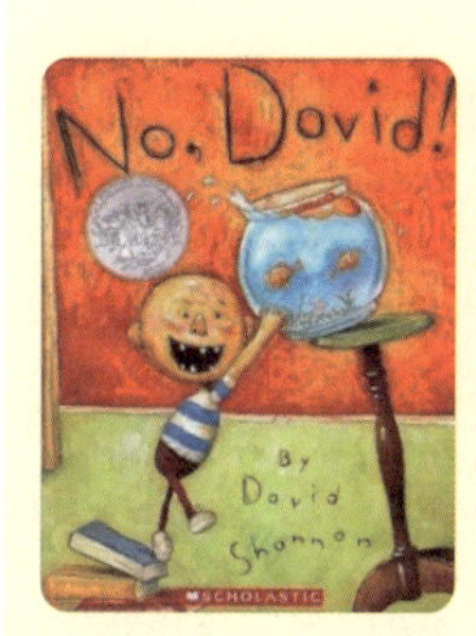

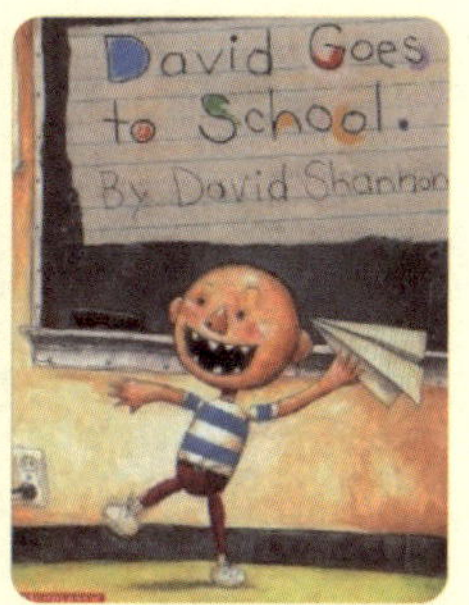

David Series by David Shannon

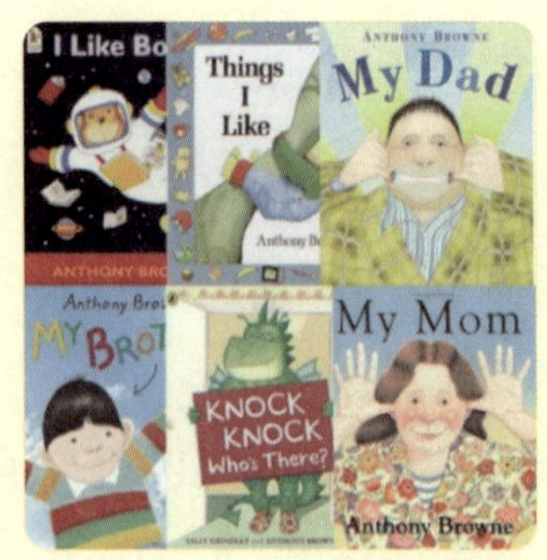

Books by Anthony Browne

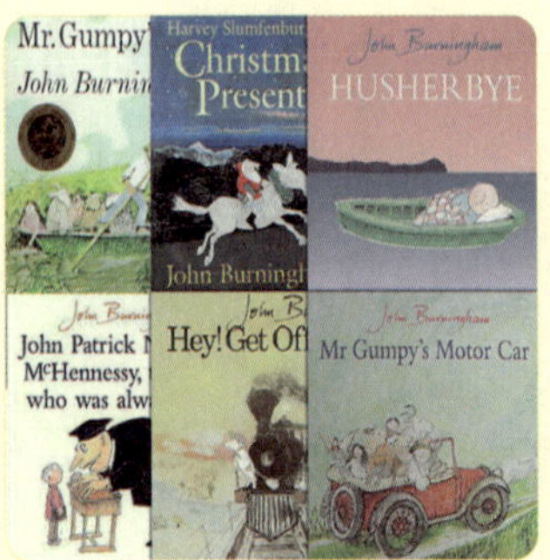

Books by John Burningham

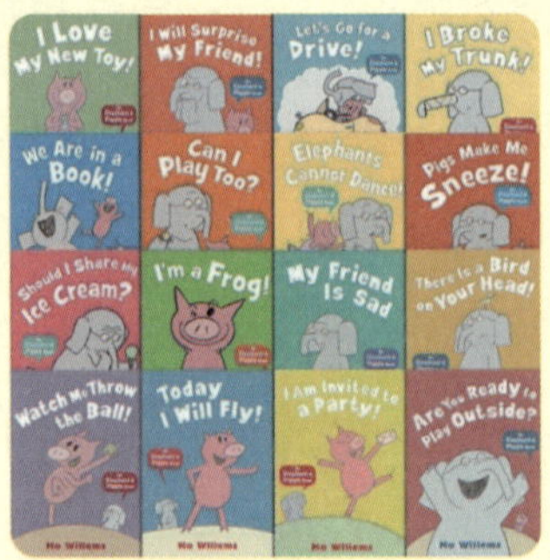

Elephant & Piggie Series by Mo Willems (0.5-1.4)

윌리엄 스타이그William Steig가 직접 그리고 쓴 작품들 중에는 AR 3점대 이상의 유명한 그림책들이 많다. 이미 한글 번역본으로 읽은 경험이 있다면, 영어로 다시 읽을 때 이해가 훨씬 수월할 것이다. 수준 높은 그림책들은 기억해 두었다가, 아이가 파닉스와 리더스를 졸업하고 챕터북에 입문할 시기에 함께 읽으면 독서의 재미를 더욱 높일 수 있다. 초등학교 3~4학년이 그림책을 읽

<Foggy Foggy Forest>

<Leo the Late Bloomer> (1.2)

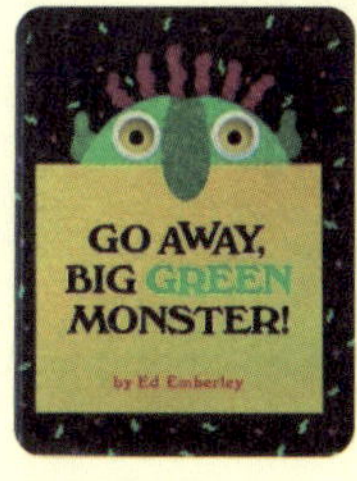

<GO AWAY BIG
GREEN MONSTER!>
(1.3)

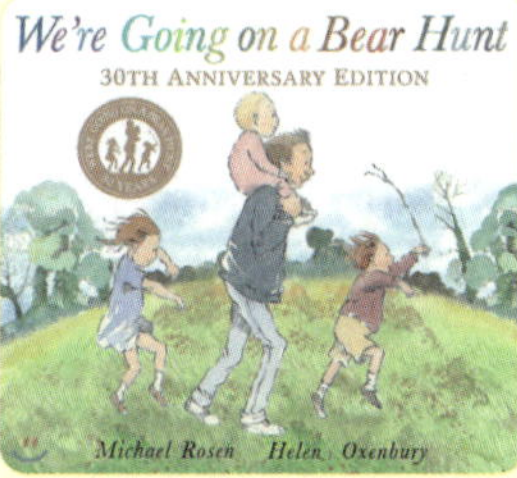

<We're Going on
a Bear Hunt>
(1.3)

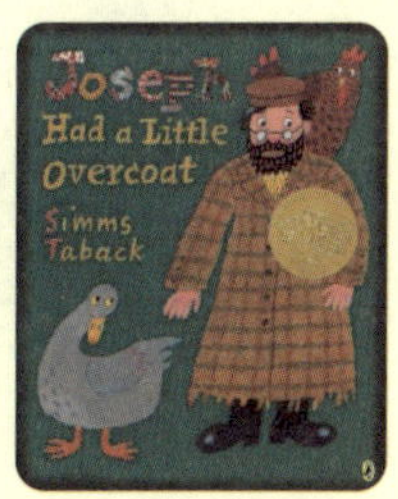

<Joseph Had a Little
Overcoat>
(1.7)

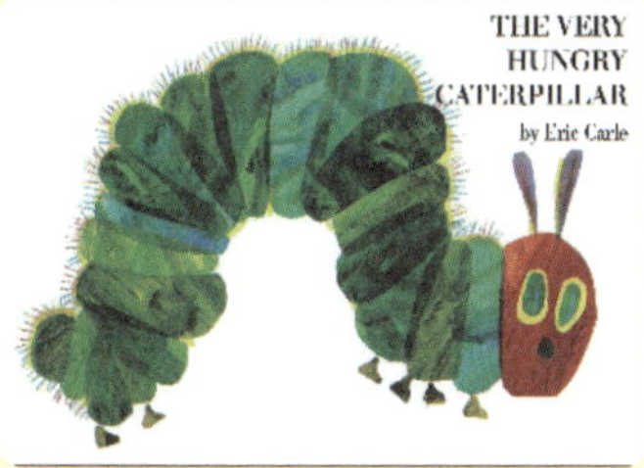

<THE VERY HUNGRY CATERPILLAR>
(2.9)

<WHERE THE WILD
THINGS ARE> (3.4/AD740L)

<Doctor De Soto> (3.6) <The Amazing Bone> (3.9)

<Shrek!> (3.9) <Sylvester and the Magic Pebble> (4.0)

는 것은 전혀 이상한 일이 아니다. 그림책은 나이에 상관없이 감상할 수 있는 문학적·예술적 깊이를 가진 책이라는 점을 꼭 기억하자.

 **Listening**

유튜브에서 그림책 낭독 영상이나 애니메이션을 함께 보자. 그

림책 제목을 유튜브에 검색하면 원어민이 직접 읽어 주는 영상이 다양하게 올라와 있어 활용하기 좋다. 이 시기에는 아이에게 책을 많이 읽어 주고, 들려주는 것이 핵심이다. 아이의 관심과 취향을 고려하여 시청할 동영상을 고르고, 집에서 보는 동영상은 영어로만 보는 습관을 들이도록 한다. 맥스앤루비 Max & Ruby, 도라 Dora, 리틀 베어 Little Bear, 페파 피그, 까이유 등 매력적인 캐릭터들이 많다. 심지어 뽀로로도 영어로 시청할 수 있다.

  Max & Ruby

  Dora

  Little Bear

  Peppa Pig

  CBeebies

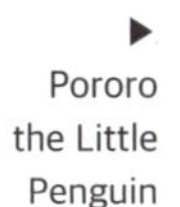   Pororo the Little Penguin

  Tayo

  LolliPopBook

 **기타**

아이와 함께 그림책을 번갈아 가며 큰소리로 읽으면 말하기 실력도 동시에 키울 수 있다. 여러 번 음원을 들어 아이 혼자 읽거나 외울 수 있는 책은 읽는 모습을 녹화하여 가족들이 함께 보며 아이의 영어독서를 응원한다. 책과 동영상 시청을 통해 습득한 어휘들을 이용하여 생활영어를 구사할 수도 있다. 색, 신체, 동물, 탈것, 집과 가족 등 음성어휘의 범위와 수를 늘려 간다.

알파벳 쓰기, 단어 쓰기를 할 수 있고, 아이가 아는 단어를 사용해 짧은 편지도 쓸 수 있다. 'Mommy, I love you'라고 쓰면 편지가 되는 것이다. 아이가 'mom i lov yu'라고 잘못 썼어도 격려와 칭찬으로 반응해 주자. 'Big hug!'가 답이다.

재미를 위한 독서 시기(0세~5세)   **Reading for Fun**

"꼭 껴안고 책을 읽어 주었나요?"

지금까지 출생 이후 만 5년의 영어교육 여정을 세 단계로 나누어 살펴보았다. 이제 자녀가 이미 초등학생인 경우도 있고, 아직 영어교육을 시작하지 않은 경우도 있을 것이다. 그러나 어느 시점이든 늦지 않았다. 지금부터라도 영어책 읽어 주기와 영어 동영상 보기를 꾸준히 시작하자.

다음의 체크리스트를 통해 초등 입학 전후 자녀의 영어교육 진행 상황을 점검해 보고, 현재 위치를 진단해 보자.

☐ 일주일에 한번 이상 도서관과 서점을 방문한다.

☐ 한글책과 영어책 읽기를 좋아하고, 특별히 좋아하는 책이 각각 한 권 이상 있다.

☐ 자막 없이 영어 동영상 보기에 익숙하고, 즐겨 보는 영어 동영상이 있다.

☐ 소리를 듣고 뜻을 이해하는 영어 음성어휘가 200개 이상 있다.

☐ 알파벳송을 부를 수 있고, 대문자와 소문자를 연결해 볼 수 있다.

그린존

파닉스/리더스 단계

4세~9세/초4

스스로 읽기 시작하는 시기,
리더스로 읽기 기반을 다져요

초등 저학년: 영어 몰입보다 한글 완성하기

이제 아이는 본격적인 영어 읽기 연습 단계에 도달했다. 초등학교 입학 전후, 아이는 구체적 조작기에 접어 들며 한글을 읽고 쓸 수 있게 된다. 그런데 만약 이 시기까지 영어책이나 영어 소리에 충분히 노출된 경험이 없다면, 영어를 낯설고 어렵게 느껴 거부할 수 있다. 이미 익숙한 우리말은 자유롭게 읽고 쓰는데, 잘 안되고 어색한 영어를 굳이 하고 싶지 않은 것이다. 따라서 파닉스 학습을 시작하기 전에 영어책과 영어 소리에 자연스럽게 노출되는 경험을 충분히 쌓는 것이 매우 중요하다. 또한 영어 알파벳 이름을 알고, 대소문자를 구분할 수 있으며, 소리로 익힌 어휘가 많을수록 좋다.

지금까지는 양육자의 노력이 많이 필요했다. 아이의 수준과 흥미에 맞는 영어책과 동영상을 직접 찾아야 했기 때문이다. 그래서 상황이 허락한다면 비교적 편한 선택지로 영어유치원을 보내기도 했을 것이다. 하지만 지금까지의 영어교육은 '뿌리 내리기' 단계에 불과하다. 이제는 기둥을 세우고 위로 뻗어 올라가야 할 시점이다. 초등 입학 전까지는 영어 실력을 쌓기보다는, 영어에 대한 호감도를 높여 '계속 하고 싶은 마음'을 심어 주는 것이 가장 중요하다. 영어가 재미있고 쉬운 언어라는 느낌을 주는 것이야말로 지속적인 학습을 하는 데 좋은 동기부여가 된다.

사실, 자녀교육 전체를 놓고 볼 때 초등 저학년 시기의 핵심과제는 영어 파닉스 교육이 아니다. 초1~2학년 때 가장 중요한 두 가지 과제는 모국어인 한국어 읽기와 쓰기를 마스터하는 것과 아이의 관심사를 파악하는 것이다. 이 두 가지가 달성되면 초3 무렵부터 아이의 취향과 관심사에 맞는 책과 동영상으로 영어 읽기와 듣기에 주력할 수 있다. 공교육에서 초등 3학년부터 영어수업이 시작되는 이유가 있다.

영어유치원을 졸업했기에 실력이 녹슬까 봐 초등 저학년 때도 영어교육에 주력하면, 정작 모국어 능력도 부족하고 아이의 흥미도 파악되지 않은 채 영어만 강조하게 되는 문제가 생길 수 있다.

초등 저학년 시기에는 일기쓰기, 받아쓰기, 독서록 등 한글 쓰기 능력을 키우는 과제가 많기 때문에 무엇보다 한글 읽기와 쓰기에 힘쓰고 틈틈이 아이의 관심사를 파악하는 것이 중요하다. 아이의 관심사를 파악하는 방법으로 '방과후수업 월드컵'을 추천한다.

🟠 읽어주기에서 스스로 읽기로: 파닉스에서 1000권 독서까지 🟢

초등 저학년은 영어교육의 관점에서 보면 파닉스 학습과 리더스 중심의 영어독서가 본격적으로 이루어지는 시기이다. 리더스는 읽기 연습을 위한 책으로, 매우 세밀하게 레벨이 나눠져 있다. 시리즈별로 종류와 권수가 매우 많아 '영어책 1000권 읽기'에 도전하기 가장 좋은 시기이다.

이 시기에 리딩앤readingn.com과 같은 디지털 리딩 프로그램의 디지털북을 활용하면, 음원 듣기는 물론 AI를 활용한 말하기 연습까지 한 번에 해결할 수 있어 매우 효과적이다. 종이책뿐 아니라 디지털북을 이용하여 다양한 종류의 리더스를 마음껏 읽게 하자.

유치원에 다니고 있는 만 4~5세부터 기초 영어 읽기가 완성되는 초4까지는 아래의 다섯 가지 영어 활동을 중심으로 학습하기를 권한다. 매일 1시간 이상 영어책 읽기와 듣기를 실천한다면,

영어 실력과 흥미가 함께 자라난다.

첫째, 디지털북을 활용한다. 이 시기에는 짧은 리더스를 시작으로 '1000권 읽기' 프로젝트에 도전할 만큼 영어책을 스스로 많이 읽는 연습이 필요하다. 종이책만으로는 음원과 책을 모두 구해 듣고 읽는 연습을 하기 힘들다. 온라인 영어도서관 프로그램 등을 이용하여 매일 1~3권의 영어 디지털북을 읽는 것을 습관화한다. 매일 반드시 해야 하는 일로 일정을 잡아 놓으면 매일 먹는 비타민처럼 영어 영양분이 쌓이게 된다.

둘째, 종이책 읽기도 지속한다. 매일 1~3권 정도의 종이책을 읽어 주거나, 아이가 스스로 읽게 한다. 영어를 스스로 읽을 수 있게 되었다고 해서 읽어 주기를 멈출 필요는 없다. 초등 3~4학년까지는 충분히 읽어 줄 수 있다. 도서관은 주 1회 이상 방문해 한 번에 여러 권을 빌려 오고, 서점도 정기적으로 들러 아이가 좋아하는 책은 소장할 수 있게 한다. 같은 책을 여러 번 읽어도 좋다. 디지털북으로 읽은 책을 종이책으로 다시 읽어도 된다.

셋째, 영어 듣기와 동영상 보기를 계속한다. 책을 소리 내어 읽는 것뿐 아니라, 영어 음원이나 오디오북을 자주 듣도록 한다. 가능하다면, 동영상은 한글 자막 없이 영어로만 볼 수 있도록 한다.

넷째, 영어 읽기 연습인 파닉스를 학습한다. 한글을 읽고 쓰기 시작하면 영어 파닉스 교재나 온라인 프로그램 또는 파닉스 수업을 통해서 영어 읽기를 학습하고 연습하게 한다. 영어교육 관점에서 이 시기는 영어 읽기를 확실히 하는 것이 제일 중요한 과업이다. 아래 '파닉스를 위한 다섯 가지 할 일'을 정리해 놓았다.

다섯째, 혼자가 아니라 함께 할 수 있는 영어 활동을 하나 마련해 둔다. 문화센터 영어 프로그램, 학교 방과후 영어, 전화·화상 영어, 영어독서 프로그램 등을 통해 그동안 익힌 영어를 조금이라도 사용할 기회를 제공해 주자. 아이들은 영어를 직접 써보는 경험을 통해 자신감을 얻고, 학습에 대한 동기도 높아진다.

위 다섯 가지 활동 중 네 번째인 파닉스 학습을 위해서는 다음 다섯 가지 사항을 참고하여 진행한다. 사실, 파닉스 교육은 반드시 거쳐야 하는 필수 단계는 아니다. 한글을 스스로 깨우치는 아이가 있듯이, 영어도 별도의 파닉스 교육 없이 읽기 능력을 갖추는 아이들도 있다.

하지만 영어는 한글처럼 소리와 문자가 일대일로 대응되지 않고, 예외와 불규칙이 많아 원어민 아이들조차도 읽기 교육에 오랜 시간이 걸리는 언어라는 점을 유념해야 한다. 따라서 이 시기에는 아이가 영어 읽기를 잘하고 있는지 반드시 확인해 볼 필요가 있다.

1. 선결 조건 확인하기

파닉스를 시작하기 전에 다음 네 가지 조건이 마련되었는지 확인한다.

첫째, 한글 읽기가 되고, 영어 읽기에도 관심을 가지는지 확인한다.

둘째, 그동안 영어책을 읽어주고 들려주어 영어노출이 되었는지 확인한다.

셋째, 알파벳의 이름과 모양을 알고 있는지 확인한다. 파닉스는 알파벳의 음가, 즉 소리를 익히는 작업이므로 알파벳의 이름과 모양을 이미 알고 있어야 학습할 수 있다. 알파벳 노래를 잘 부를 수 있는지, 알파벳카드로 대소문자 짝짓기 놀이를 할 수 있는지 확인한다.

넷째, 아이가 어느 정도의 영어 음성어휘를 가지고 있는지 확인한다. 200개 이상이면 좋다. '애애애플apple', '브브베드bed' 등을 연습할 때 글자를 읽으면서 애플, 베드는 무엇인지 이미지가 떠올라야 한다. 애플, 베드가 무엇인지도 모른 채 단어 뜻과 발음, 읽기를 동시에 배우고 있다면, 아직 파닉스를 시작할 준비가 되지 않은 것이다.

2. 리더스 읽기 병행하기

파닉스를 익힐 때에는 반드시 리더스 읽기를 같이 하여 다양한 상황에서의 영어 읽기를 연습해야 한다. 영어에는 파닉스 규칙에 맞지 않지만, 사용 빈도가 높아 자연스럽게 익히게 되는 사이트 워드 Sight Word가 많다. 『Bob Books』 같은 파닉스 연습용 리더스 이외에도, 촘촘하게 레벨을 나눠 읽기 연습을 할 수 있는 수준별 영어 읽기 책 Graded Readers을 수준별로 많이 읽도록 한다. 대표적인 리더스 시리즈는 『I Can Read』, 『Step into Reading』, 『Ready to Read』, 『Oxford Reading Tree』, 『Scholastic Reader』 등이 있다.

3. 온라인 자료 활용하기

유튜브에는 알파벳송뿐 아니라 파닉스송 등 파닉스를 익힐 수 있는 자료가 많다. 아래와 같은 다양한 온라인 자료를 이용하여 파닉스를 익힌다.

 alphablocks

SuperWhy 

 Between the Lions

starfall 

4. 파닉스 교재 활용하기

 시중에는 『Smart Phonics』, 『Oxford Phonics World』 등 파닉스를 익힐 수 있는 다양한 종이책 교재들이 있다. 주로 다섯권으로 구성되어 있고, 알파벳부터 이중모음까지 차례대로 학습할 수 있다. 아이와 서점에 가서 구성과 내용이 마음에 드는 것으로 골라 집에서 시간을 정해 조금씩 학습하면 된다.

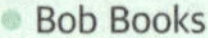

● Bob Books

● Smart Phonics

5. 파닉스 수업 이용하기

 많은 영어 학원과 온라인 영어프로그램에서 파닉스 수업을 제공하고 있다. 아이가 교사와 직접 소통하며 학습하는 것을 선호할 경우에는 시중 파닉스 수업을 이용할 수 있다.

영어교육법 – 리더스와 파닉스로 '읽는 힘'을 키워요

📖 Reading

이 시기 책들은 얇아서 아이들이 비교적 쉽게 접근할 수 있고 종류도 매우 많아 책을 고르는데 행복한 비명을 지를 정도이다. 도서관, 온라인영어도서관, 서점 등을 이용하여 아이들이 영어책 읽기의 재미에 빠지게 하자. 아이의 취향에 따라 논픽션을 읽어도 좋다. 대표적인 리더스 시리즈는 다음과 같다.

● I Can Read, Biscuit Series

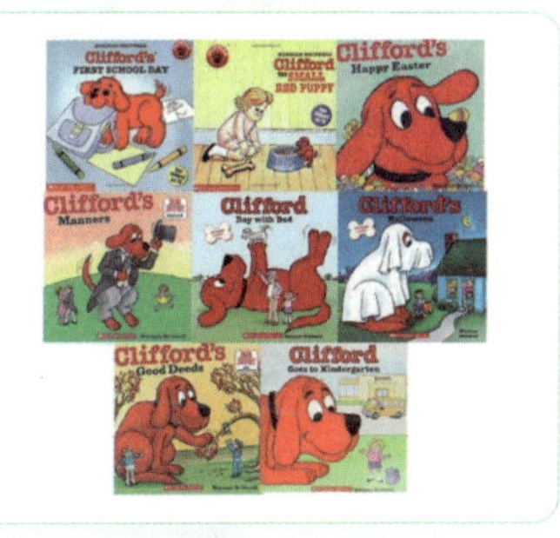

● Scholastic Reader, Clifford Series

● Oxford Reading Tree

● Ready-to-Read, Henry and Mudge Series

● Step into Reading, Arthur Series

● DK Super Readers

● Dr. Seuss Books

● Disney Fun to Read

이 시기에는 리더스뿐 아니라, '초기 챕터북^{Early Chapter Book}'
도 같이 접하게 할 수 있다. 초기 챕터북은 주로 챕터 구성이 되
어 있지만 글밥이 비교적 적어, 아이들이 리더스와 함께 부담 없
이 읽을 수 있다. 이러한 책들을 먼저 경험해 두면, AR 2~3점대
의 본격적인 챕터북 단계로 넘어갈 때 거부감이나 저항을 줄일
수 있다. 다음은 대표적인 초기 챕터북들이다.

● Fly Guy 시리즈(1.3~2.7)

● Nate the Great 시리즈(2.0~3.2)

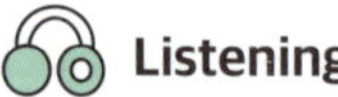

　영어책을 읽을 때는 디지털북 등을 이용하여 책의 음원이나 오디오북을 반드시 듣도록 한다. 영어 동영상 보기도 계속 한다. 『클리포드Clifford』, 『베렌스타인 베어즈The Berenstain Bears』처럼 재 밌게 읽고 있는 책을 동영상과 연계하여 시청하면 효과가 배가 된다. 시리즈물보다 호흡이 긴 디즈니 애니메이션을 시청해도 좋 다. 주제가 OST를 통해 영어 노래도 익힐 수 있다.

Clifford the Big Red Dog

Dr. Seuss

Curious George

The Berenstain Bears

Charlie and Lola

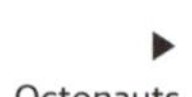  

Octonauts

PAW Patrol

PJ Masks

 **기타**

이 시기 책들은 얇고 반복되는 문장이 많아서 듣고 읽은 후 좋아하는 책은 암기하도록 한다. 암기한 책들은 녹음이나 녹화를 한 후 자신의 목소리를 다시 들어 보는 기회를 갖는다. 말하기 연습이 저절로 된다.

영어 쓰기는 4선이 그어져 있는 영어 줄노트를 사용한다. 읽은 책에 나오는 단어쓰기, 문장쓰기를 할 수 있다. 일종의 필사이다. 세 문장으로 구성된 간단한 영어일기 쓰기를 해도 좋다. 등장인물characters, 사건event, 배경setting, 결론ending 등으로 구성된 간단한 독서록 작성도 가능하다.

그동안 읽었던 보드북, 그림책도 다시 한번 큰소리로 읽어 보고, 리더스도 수준별로 차근차근 읽으면서 '영어책 1000권 읽기 프로젝트'를 진행한다. 영어 실력과 자신감이 일취월장할 것이다.

"영어책을 정확히 읽고 있나요?"

영어 학원에 다닌다고 해서 "이제 읽을 줄 알겠지" 하고 방심하면 안 된다. 의외로 영어유치원을 졸업했음에도 정확하게 읽지 못하는 아이들이 많다. 따라서 초등 저학년 시기에는 리더스북 읽기와 파닉스 학습을 병행하고, 녹음·녹화하기 등을 활용해 아이가 정확히 읽고 있는지 점검해야 한다. 책이 점점 두꺼워지기 전에 '그림책·리더스 1000권 읽기'와 같은 충분한 다독 경험을 쌓게 해 주는 것이 중요하다.

☐　영어책을 정확한 발음으로 큰소리로 혼자 읽을 수 있다.

☐　리더스를 단계별로 충분히 읽었으며, <Oxford Reading Tree> Stage 7과 같은 AR 2점대 책들을 읽을 수 있다.

☐　자막 없이 영어 동영상 보는데 거부감이 없고, 디즈니 애니메이션도 영어로 시청할 수 있다.

☐　외울 수 있는 영어책이 있으며, 책 내용을 요약해서 영어로 말할 수 있다.

☐　영어로 세 문장 일기쓰기와 간단한 독서록 쓰기가 가능하다.

　　　　　　　　　　　　　　　　　영어 적기교육의 비밀

블루존

챕터북 단계

8세/초2~11세/초6

이야기에 푹 빠지는 시기,
챕터북으로 독서의 범위를 확장해요

읽기에서 사고로: 챕터북 입문기

초등 3~4학년은 인지적으로 구체적 조작기에 속하며, 구체적인 문장과 소리를 중심으로 진행하는 영어교육에 집중해야 할 시기다. 초등 3학년부터 공교육에서 영어수업이 시작되기 때문에, 아이들은 자의든 타의든 영어에 관심을 가질 수밖에 없게 된다.

영어 학원에 보내 달라고 하거나, 영어가 싫다고 하는 시기도 이때이다. 또래 친구들과 영어 실력이 비교되기 시작하기 때문이다. 지금까지 영어교육을 했든 하지 않았든 초등 3학년부터는 영어교육에 집중하기를 권한다.

지금까지 영어책을 착실히 읽고 영어 동영상을 보며 파닉스까지 익혔다면 이제는 챕터북에 입문할 때이다. 챕터북이란 리더스와 소설의 중간 단계에 있는 책들이다. 한 권으로 완결되는 소설이 영화에 비유된다면, 챕터북은 시트콤이나 시리즈물에 가깝다.

챕터북은 각 권이 독립적인 이야기이면서도 같은 인물과 배경이 반복되어 등장해 친숙함을 준다. 어휘나 플롯plot의 반복이 많아 소설보다는 이해하기 쉬운 반면, 리더스에 비해서는 문장의 수가 늘어나고 그림의 비중이 줄어든다. 파닉스·리더스 시기를 충분히 보내지 않고 챕터북에 도전하면 어렵다는 생각에 영어책에 대한 흥미를 잃을 수도 있으니 주의해야 한다.

실제로 우리나라 아이들이 대부분 정체되어 있는 구간이 챕터북 구간이다. 영어 노출 없이 파닉스부터 배운 아이들이 영어를 어느 정도 읽을 수 있게 되는 리더스 단계를 거친 후 진정한 독서의 세계로 들어가지 못하고 바로 내신 영어·입시 영어 학원으로 빠지는 구간이다.

그래서 더욱더 파닉스 이전에 영어 그림책을 많이 읽어 주는 시기가 필요하다. 어릴 때 부모가 읽어 주던 영어책의 재미를 기억하고, 영어를 읽을 수 있게 된 이후에는 아이 스스로 그 즐거움에 빠질 수 있도록 도와줘야 한다. 자기가 읽고 있는 책이 한글로 쓰여 있는지 영어로 쓰여 있는지 모를 정도로 이야기에 빠진다면 성공이다.

챕터북은 주로 AR 2점대 후반~3점 대에 분포해 있다. 얇은 리더스북은 아이들이 비교적 쉽게 접근할 수 있지만, 영어를 읽을 수 있게 된 이후에도 50쪽이 넘는 영어책을 이해하고 끝까지 즐기기란 결코 쉬운 일이 아니다.

이 단계는 영어독서의 '마의 구간'이라 불릴 정도로 많은 아이들이 정체되는 시기이다. 영어 읽기를 배우는 '읽기 학습 단계'에서 문해력과 사고력을 키우는 진짜 독서인 '배우기 위한 독서'로 넘어갈 수 있도록 특별한 관심이 필요하다.

좋아서 읽고, 읽다 보니 실력이 늘어요

마의 구간을 넘어가는 두 가지 원동력은 흥미를 기반으로 접근하는 '취향 저격'과 약간의 '강제성'이다. 아이들은 재미있는 일은 하지 말라고 해도 하고, 친구들에게도 전파하는 경향이 있다. 그래서 자신이 좋아하고 취향에 맞는 책을 발견하는 것이 중요하다. 아이의 말에 귀를 기울이고 잘 관찰하면 아이의 관심사를 발견할 수 있다.

나는 아이가 디즈니 애니메이션 〈Zootopia〉를 즐겨 볼 뿐 아니라 남자주인공인 여우 닉Nick을 좋아하는 것을 발견하고는 영어책 『Zootopia』를 사주었다. 아이는 애니메이션도 보고, 책도 읽으며 대사를 외우기까지 했다. 영화 〈Avengers 어벤저스〉 시리즈를 좋아해서 『Doctor Strange 닥터 스트레인지』 책을 사 주었고, 한글책 『고양이 전사들』를 좋아해서 영어책 『Warriors』를 사 주었다. 『셜록 홈즈』를 좋아해서 『Sherlock Holmes』를 사 주고, 탐정 이야기인 챕터북 『Cam Jansen 캠 젠슨』 시리즈도 읽어 주었다. 한글책 중에는 아이가 깊이 빠진 '인생책' 시리즈가 있었지만, 영어 챕터북에서는 그런 몰입 경험이 없었다는 점이 다소 아쉽다.

영어책의 재미에 빠질 수 있게 하는 또 다른 방법은 약간의 강제성을 동원하는 것이다. 이 시기에 영어독서토론 프로그램 등을 통해 다소 강제적으로 책을 읽게 하다 보면, 점차 실력이 쌓이면서 두께 있는 책을 읽어 내는 자신의 모습에 아이들은 자신감과 자부심을 갖게 된다.

이것은 다시 영어독서를 계속할 수 있도록 이끈다. 소위 강남에 있는 유명 영어 학원들 중 많은 곳이 '영어독서토론' 프로그램을 운영한다. 아는 사람들끼리 삼삼오오 모여 자녀에게 영어독서클럽을 만들어 주고 일주일에 한 권씩 읽고 토론을 하는 모임도 있다.

'중이 제 머리 못 깎는다'는 말처럼, 나 역시 아이가 영어책을 꾸준히 읽도록 만드는 일이 쉽지 않았다. 마치 고양이 목에 방울을 달아야 하는 큰 숙제 같았다. 좋은 프로그램을 만나는 것과 비용적으로도 부담이 되지 않는 것을 충족하기란 쉬운 일이 아니다. 그때 만난 곳이 집 근처 구립영어도서관이었다. 그곳에서 운영하는 프로그램 중 '소설반Novel'과 '신문반News Club'에 일주일에 한 번씩 참여해 한 달에 한 권씩이라도 영어책을 꾸준히 읽을 수 있었다. 뜻이 있는 곳에 길이 있다. 잘 찾아 보면 아이가 영어책을 계속 읽을 수 있게 하는 방법을 발견할 수 있을 것이다.

챕터북은 처음에는 순서대로 읽는 것이 좋다. 첫 번째 책에는 주인공과 가족, 주변 환경, 그리고 처한 상황이나 주요 갈등이 자세하고 친절하게 소개되어 있기 때문이다. 처음 몇 권을 순서대로 읽다 보면, 주인공의 성격이나 자주 쓰이는 문장, 반복되는 어휘의 특징 등을 파악할 수 있어 점점 읽는 속도가 붙고 내용에도 몰입하게 된다. 따라서 챕터북은 처음부터 전 시리즈를 사지 말고 순서대로 처음 몇 권을 사서 읽은 후 계속 읽고 싶은 책을 시리즈로 구입하면 된다.

탐정, 과학, 우정, 판타지 등 챕터북의 소재는 매우 다양하다. 아이가 흥미를 느끼는 챕터북 시리즈를 몇 개 읽어 보면, 아이의 취향은 물론이고 어쩌면 진로의 방향까지도 엿볼 수 있을지 모른다.

영어교육법 – 챕터북으로 긴 호흡의 독서를 해요

📖 Reading

챕터북도 리더스처럼 수준이 폭넓어 쉬운 책부터 소설에 가까운 높은 수준의 책까지 종류가 다양하다. 그림의 양, 글의 분량, 관심사 등을 고려해 아이가 몰입할 수 있는 책을 만날 수 있도록 신경 써야 한다.

『Fly Guy 플라이가이』 시리즈를 리더스 단계에서 아직 읽지 않았다면, 비교적 쉽고 챕터가 나눠져 있어서 챕터북 입문으로 좋다. 『Nate the Great』는 엉뚱한 유머와 탄탄한 구성 덕분에 탐정 detective 이야기의 입문서로 적합하다. 이 시리즈를 통해 흥미를 느낀 아이는 이후 『Cam Jansen』 시리즈, 나아가 『Sherlock Holmes』와 같은 본격 추리물로 자연스럽게 확장해 나갈 수 있다.

챕터북은 책 제목만 보고 내용을 판단하지 말고, 일단 첫 권을 읽어 보기를 권한다. 『Dragon Masters 드래곤 마스터』의 경우, 제목만 봐서는 '또 드래곤' 하며 재미없게 느껴질 수 있지만, 매력적인 요소들이 많은 작품이다. 주인공은 드래곤 마스터로 선택을 받고, 자기만의 드래곤이 있으며, 'Dragon Stone' 같은 한번쯤은 가져 보고 싶은 아이템이 있다.

이러한 이야기 구조는 이후 『해리 포터』 같은 소설로 발전하기에 좋은 바탕이 된다. 『My Weird School 괴짜 초딩 스쿨』 같은 경우에는 그림이 마음에 들지 않을 수도 있지만, 좋은 선생님과 장난꾸러기 학생들이 꾸려 나가는 학교생활 이야기가 매우 흥미진진하다.

그림책과 리더스는 대부분 컬러로 삽화가 그려지지만 챕터북은 흑백인 경우가 많다. 갱지와 흑백 그림에 대한 거부감으로 리더스 단계 이후 아이들이 독서에 대한 흥미가 떨어진다는 생각에 최근에는 컬러로 출판되는 챕터북들이 늘어나고 있다. 하지만 흑백 챕터북들도 나름 장점이 있다. 흑백 그림을 나만의 컬러로 색칠하는 재미도 쏠쏠하다. Green gown을 입고 있다거나 brown hair와 blue eyes 등의 묘사가 나오면 흑백 그림에 색을 칠하는 것이다. 컬러냐 흑백이냐로 챕터북을 선택하지 말고, 일단 1편 (Episode 1, #1)부터 책을 읽어 보는 기회를 갖도록 하자.

이 시기에는 역사책을 본격적으로 읽기보다는 인물 이야기나 위인전 등을 읽으며 역사에 대한 기초를 다질 수 있다. 인물을 제대로 이해하려면, 그가 살았던 시대를 함께 들여다봐야 한다. 마틴 루터 킹은 인종차별이라는 역사적 배경 없이는 설명할 수 없고, 유관순 역시 일제강점기를 알아야 이해할 수 있다. 인물 중심의 책은 흥미롭고 문턱이 낮아 역사에 다가가는 좋은 출발점이 된다. 챕터북 시기에 『Who Was/Who Is 후워즈/후이즈』 시리즈 같은 위인전도 관심 가는 인물 중심으로 함께 읽도록 한다.

● Young Cam Jansen (2.3~2.9)

● Dragon Masters (3.1~3.5)

● Magic Tree House (2.6~3.7)

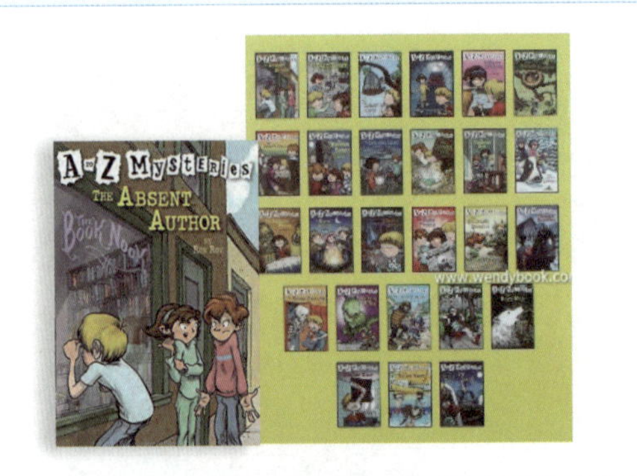

● A to Z Mysteries (3.2~4.0)

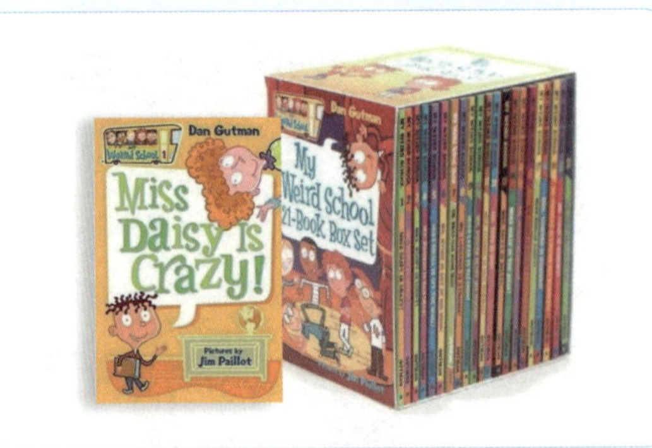

● My Weird School (3.5~4.4)

● Who Was/Who Is (4.1~6.1)

 **Listening**

챕터북도 읽기에 익숙해지기 전까지는 음원을 들으며 함께 읽는 방식도 유용하다. 음원을 들으며 읽으면 내용 이해와 발음, 읽기 속도에 자연스럽게 가속도가 붙는다. 〈Horrid Henry 호리드 헨리〉, 〈Magic School Bus 신기한 스쿨버스〉 등 20분 내외의 길이로 여러 에피소드가 있는 동영상은 몰입하여 시청하기 좋다. 주말에 온 가족이 모여 〈Kung Fu Panda 쿵푸팬더〉, 〈How to Train Your Dragon 드래곤 길들이기〉, 〈Paddington 패딩턴〉 등 한 시간이 넘는 긴 동영상과 영화를 시청할 수 있다.

Horrid Henry

The Magic School Bus

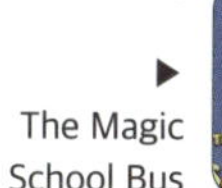

Disney+

Netflix

 **기타**

독특한 캐릭터와 탄탄한 플롯을 경험할 수 있는 챕터북부터는 본격적인 영어독서토론이 가능하다. 독서토론은 책을 읽은 후 토

론하고 독후활동을 하는 등 영어 듣기, 읽기, 말하기, 쓰기뿐 아니라 발표 등과 같은 제시하기presenting[3]까지 모든 영역을 연습할 수 있는 최고의 영어교육 방법이다. 영어책을 읽고 세 줄부터 두세 문단에 이르는 독서록을 쓰고, 책 내용을 요약하여 영상으로 녹화하는 등 영어 아웃풋에도 신경 쓰자.

책의 첫 페이지나 첫 장은 작가가 가장 공들여 쓰는 부분이기 때문에, 이 부분을 필사해 보는 것도 좋은 방법이다. 짧은 분량이지만 문장 구성이나 어휘 선택이 밀도 있게 담겨 있어, 영어 표현력을 키우는 데 효과적이다. 또한 단순한 독서록 쓰기를 넘어, 책과 관련된 주제에 대해 에세이를 써보는 활동은 글쓰기 실력뿐 아니라 어휘력과 영문법 실력을 함께 향상시키는 효과가 있다.

초등 고학년이 되어, 아이가 책은 잘 읽지만 어휘력이 부족해 보인다면, 어휘 학습서를 한두 권 골라 집중적으로 점검해 볼 수도 있다. 사실, 내 아이는 초등학생 때 한 번도 어휘 학습서로 단어를 공부한 적이 없다. 영어책 읽기와 가끔 영어독서록 쓰기 이외에 다른 과목의 시험공부, 예체능 수업 등을 하느라고 따로 영

---

3. 2022 개정 교육과정의 <영어과 교육과정>에서는 기존의 네 가지 언어 기능인 듣기, 말하기, 읽기, 쓰기와 함께 '이해reception' 영역에서는 '보기viewing'와 '표현production' 영역에서는 '제시하기presenting'를 추가하였다. 학교 영어교육 현장에서도 '보기'와 '제시하기' 활동이 더욱 늘어날 것으로 보인다.

영어 적기교육의 비밀

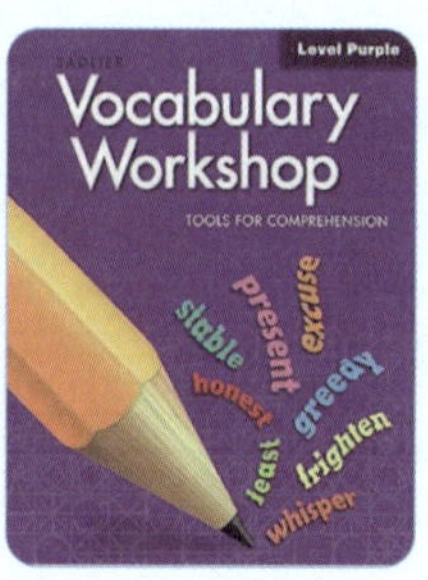

● Bricks
Vocabulary

● 4000 Essential
English Words

● Vocabulary
Workshop

어 단어만 공부할 시간을 만들기 힘들었기 때문이다. 초등학생 때 우선순위는 단어 학습보다는 영어책 읽기이다. 영어책을 읽으면서 단어를 맥락 속에서 익히면 된다. 다만, 성격이나 취향상 영어 단어를 더 알고 싶은 욕구가 있는 아이들도 있을 수 있다. 그때에는 아이와 함께 적절한 어휘집을 정하여 학습하면 된다.

책을 읽으면서 맥락 속에서 새롭게 알게 된 단어로 '자신만의 단어카드'를 만들어도 좋다. 노트에 정리하는 '단어장'이 아니라 카드에 정리하는 '단어카드'이다.

단어카드는 원하는 형태로 편집이 가능하다. 카드를 작품별이나 알파벳 순서로 정리하거나 품사별로 정리할 수도 있다. 카드 앞면에는 단어가 포함된 문장과 품사_{part of speech}를 써 넣고 그림도 그려 넣을 수 있다. 뒷장에는 단어를 이용해 스스로 문장을 만

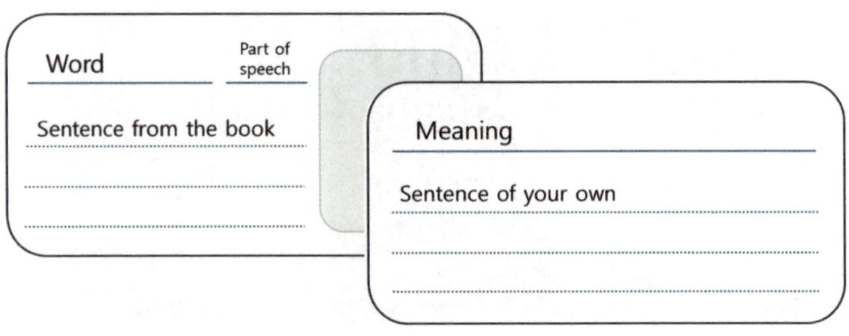

들어 봐도 된다. 이 시기 아이에게 단어는 명사, 동사, 형용사처럼 다양한 품사로 나뉜다는 문법적 개념을 설명해 준다면 그것이 바로 멋진 영문법 수업이 된다.

단어카드를 이용해 게임을 할 수도 있다. 마스터한 단어는 빼내고 새로 어려운 단어카드를 추가하기도 쉽다. 위의 단어카드 샘플을 참고하여 나만의 단어카드를 만들어 모아 보자.

챕터북 단계는 그래픽 노블graphic novel을 읽기에도 좋은 시기이다. 리더스를 통해 영어 읽기에 익숙해졌지만, 아직 글밥이 많고 그림이 적은 책은 부담스럽다면, 내용은 성숙하지만 읽기 난이도는 높지 않은 그래픽 노블을 통해 독서 습관을 이어갈 수 있다. 그림의 도움을 받으면서도 보다 복잡한 이야기 구조로 가기 전 이상적인 징검다리 역할을 한다.

학교에서 주최하는 영어 말하기 대회 등 다양한 영어 관련 행

 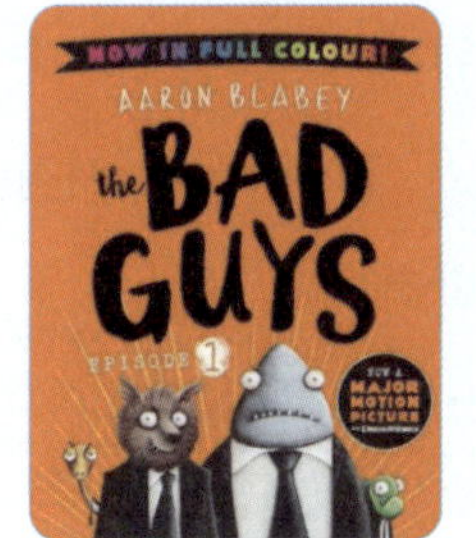

● Lunch Lady 시리즈 (2.2~3.0) ● The Bad Guys 시리즈 (2.2~2.9)

● El Deafo (2.7) ● New Kid (2.9)

사에 참여해 보는 것도 영어 학습에 좋은 동기부여가 된다. 해외 여행을 계획하여 영어를 연습해 보는 기회로 삼으면 영어 학습에 자극을 줄 수 있다.

챕터북 단계는 단순히 영어책 한 권을 읽는 것을 넘어, 아이의 독서 습관과 학습 습관, 사고력을 키우는 중요한 시기이다. 이 시기를 잘 보내면 아이는 책에 몰입하는 즐거움을 알게 되고, 영어 학습에도 자신감을 가질 수 있다. 무엇보다 흥미를 끌 수 있는 책, 편안한 분위기, 꾸준히 읽을 수 있는 환경이 마련돼야 한다. 이 단계는 진정한 영어독서의 시작이자, 아이가 스스로 배우는 힘을 기르는 출발점이다.

인디고존

소설책 단계

9세/초3~15세/고1

문해력이 폭발하는 시기,
소설책으로 사고력을 키워요

한 권의 힘: 영어 소설이 키우는 문해력과 사고력

마의 챕터북 시기를 지나면, 아이는 드디어 한 권짜리 소설을 읽게 된다. 주로 AR 4~5점 대이다. 이 시기 가장 많이 읽는 책들은 매해 최고의 아동문학을 쓴 작가에게 수여하는 뉴베리상 Newbery Medal 수상작들이다. 보통 책표지에 금색이나 은색의 스티커가 붙어 있어 쉽게 알아 볼 수 있다.

뉴베리상 수상작들은 영화로도 많이 만들어진다.『Because of Winn-Dixie 내 친구 윈딕시』,『Charlotte's Web』,『The Giver』등이 그 예이다. 대부분 오디오북도 유튜브나 오더블 Audible 같은 오디오북 앱에서 구해 들을 수 있다. 소설책과 함께 위인전, 역사책 등 논픽션도 접할 수 있는 시기이다.

초등 고학년, 즉 초등 5학년 무렵부터는 입시 영어로 전환해야 한다는 말을 많이 듣게 되어 학부모들의 마음이 흔들린다. 하지만 나는 '팔오금에 도달할 때까지 버티기'를 조언하고 싶다. 팔이 접히는 부분인 팔오금에 도달하면 스톱을 외쳐야 하는 게임이 있다. 도달한 것 같은 느낌에 성급하게 스톱을 외치고 보면 아직 도달하지 않은 걸 심심치 않게 발견하게 된다.

이와 비슷하게 자녀가 초등학교 고학년이 되면 때가 온 것 같아 빨리 문법, 어휘, 독해 위주의 학습 영어로 전환해야 할 것 같은 느낌을 받는다. 그래야 중학교에 들어가서 내신도 잘 나오고, 수능 영어도 1등급을 받을 수 있을 것 같은 조바심이 생긴다.

그러나 초등 5학년 무렵부터 입시 영어에 집중한 아이들보다, 한글과 영어로 독서를 꾸준히 하는 아이들이 중고등학교 내신이나 수능에서 훨씬 더 뛰어난 성과를 내는 경우가 비일비재하다. 중학교에 들어가면 하고 싶어도 시간이 없어서 못하니, 중학생이 되기 전에 반드시 영어 소설책을 즐겨 읽을 수 있는 수준으로 성장해야 한다.

지금까지 쌓은 독서에 대한 즐거움과 영어 읽기 능력을 이용해 문해력, 사고력, 표현력을 높일 수 있는 통합적인 영어교육 활동을 진행하자. 가장 최적의 활동은 영어독서토론이다. 이 밖에 영어시사토론, AI를 이용한 영어 말하기 연습 및 쓰기 연습 등을 진행할 수 있다. 이 시기에 해야 하는 활동을 다섯 가지로 정리해 보았다.

첫째, 챕터북부터 소설책까지 다양한 영어책을 매주 평균 1~2권씩 읽는다. 사실 한 달에 한 권씩 읽어도 좋으니 손에서 영어책 읽기를 놓지 않아야 한다.

둘째, 영어 듣기와 보기를 계속한다. 오디오북 등 책 음원을 들어도 좋다. 애니메이션, 영화, 드라마, TED, 다큐멘터리 등 영어로 만들어진 모든 동영상은 원어인 영어로 듣는다.

셋째, 영어 말하기 연습을 한다. 영어책을 큰 소리로 읽고 녹음하여 자신의 목소리로 영어책을 들어 보거나, 매주 읽은 영어책의 내용을 요약해서 녹화해 가족과 공유한다. 영어독서토론 모임에 참여해 책을 읽고 같이 영어로 토론하는 기회를 가져 본다. 토론이라고 해서 반드시 주제토론 같이 거창하게 생각하지 말고, 단어나 문법에 대한 이야기를 나누는 것도 괜찮다.

넷째, 영어 쓰기에도 신경 쓴다. 일기쓰기, 읽은 책의 내용을 요약하는 독서록 쓰기, 에세이 형식의 독후감상문 쓰기, 영어책 필사하기 등 매주 1회 이상 영어 쓰기를 진행한다.

영어 쓰기는 특성상 크게 두 가지로 분류할 수 있다. 첫째는 글자 쓰기이다. 알파벳 쓰기, 영어 줄노트에 단어 쓰기, 문장 쓰기 등이 이에 해당한다. 둘째는 내용 쓰기이다. 영어 글자 쓰기에 익숙해진 이후 자신의 생각, 의견, 느낌 등을 쓰는 것이다. 일기쓰기, 독서록 쓰기, 에세이 쓰기 등이 이에 해당한다.

파닉스·리더스 단계는 읽는 법을 배우는 시기로 글자 쓰기에 더 중점을 두었을 것이다. 줄노트에 반듯이 영어를 쓸 수 있는 것도 매우 중요하다. 챕터북이나 소설책 단계는 읽기를 배우는 단계를 넘어 '배우기 위한 독서' 시기로, 독서법에서뿐 아니라 쓰기의 내용에도 변화가 생긴다. 영어 글자 쓰기보다는 독서록 쓰기, 에세이 쓰기 등 내용 쓰기에 더 주력하게 된다. 이 과정을 잘 훈련하면 이후 토플 쓰기TOEFL Writing나 연구 논문을 쓸 수 있는 실력까지 발전할 수 있다.

다섯째, 여럿이 같이 할 수 있는 활동을 만들어 참여한다. 영어 북클럽을 만든다거나 영어독서토론반 등에 참여하여 어느 정도 강제성이 있는 독서와 토론을 지속해 나갈 수 있게 장치를 마련한다. 다시 말하지만, 처음에는 어느 정도 강제력이 필요하다. 실력이 붙고 익숙해지면, 아이 스스로 즐기게 되는 순간이 반드시 온다.

영어교육법

영어교육법
– 뉴베리 수상작에서 해리 포터까지, 소설책으로 사고력이 자라요

📖 Reading

로알드 달Roald Dahl의 책도 이 시기에 읽을 수 있다. 퀜틴 블레이크Quentin Blake의 삽화 없이는 로알드 달의 책을 생각할 수 없을 정도로 이 둘은 궁합이 좋다. 그만큼 책은 삽화가 중요하다.

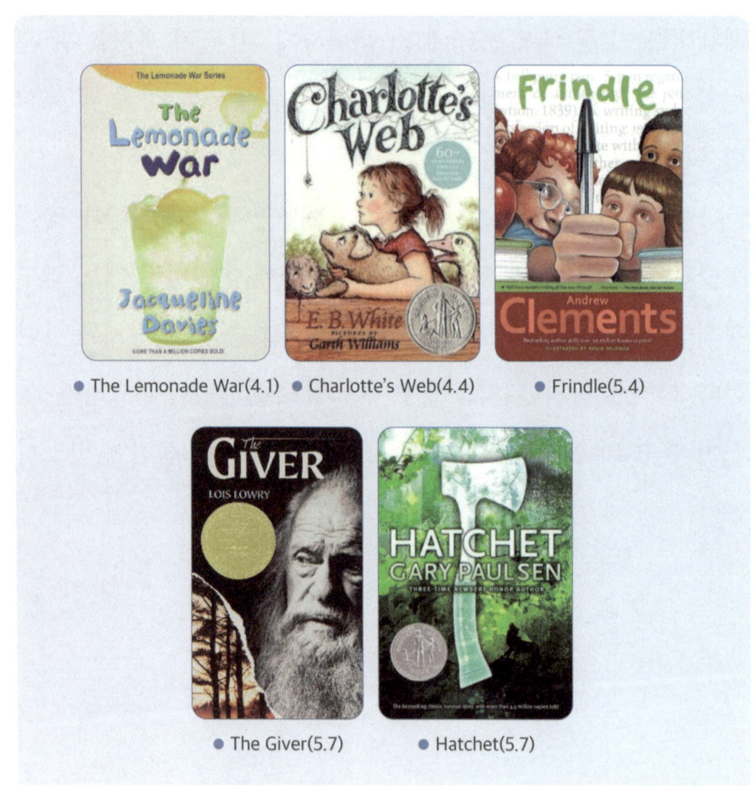

● The Lemonade War(4.1) ● Charlotte's Web(4.4) ● Frindle(5.4)

● The Giver(5.7) ● Hatchet(5.7)

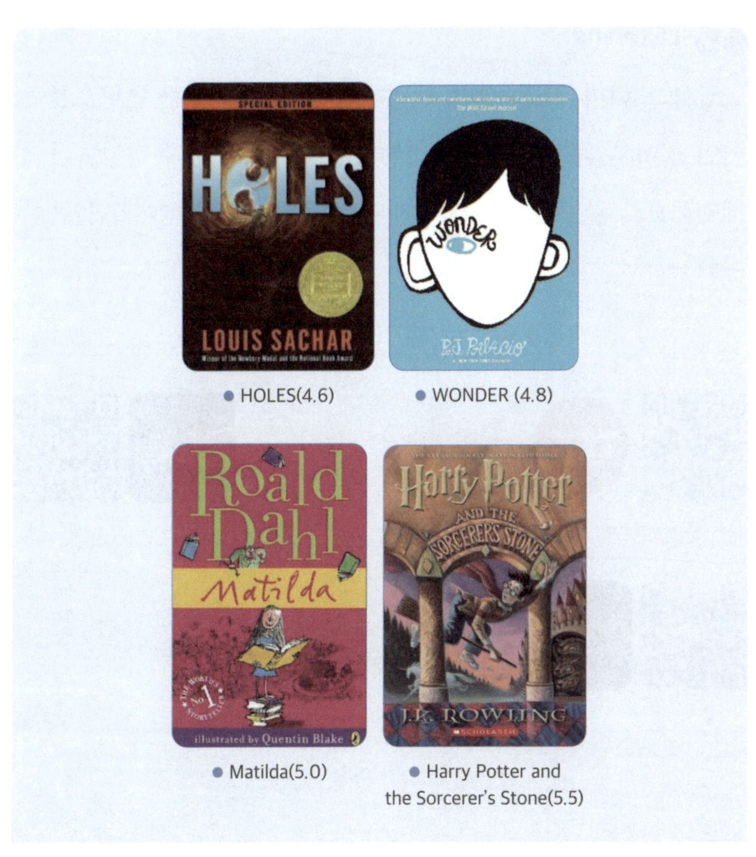

● HOLES(4.6)　　● WONDER (4.8)

● Matilda(5.0)　　● Harry Potter and
the Sorcerer's Stone(5.5)

　뉴베리상 수상작들은 이미 한번 검증된 작품들이므로 이들 중 아이의 취향에 맞는 책을 골라 읽는다. 『Harry Potter』의 첫 권인 『Harry Potter and the Sorcerer's Stone』의 읽기 레벨은 AR 5.5이다. 초등학교 5~6학년 때 『Harry Potter』 책을 읽고 영화를 즐겨볼 수 있으면 다음 단계인 고전 읽기로 진입할 수 있다.

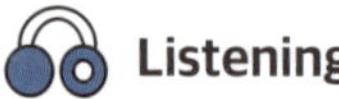 **Listening**

영화, 드라마, TED 강연, 엔터테인먼트 쇼 등 모든 콘텐츠를 원어인 영어로 듣는다. K-Pop 스타나 영화배우 등 유명인들이 전세계적으로 활동하는 모습과 해외 인터뷰도 모두 영어로 들을 수 있다.

TED

Disney+

Netflix

 **기타**

방학을 이용해 단어와 문법을 체크할 수 있다. 초등 고학년은 형식적 조작기에 접어드는 시기이므로 영문법을 체계적으로 정리할 수 있다. 문법책을 활용한 영문법 정리는 초등학교 6학년, 심지어 중학교에 들어가서 해도 늦지 않다. 다만, 영어책을 읽거나 글쓰기를 하면서 실제 문장을 바탕으로 문법 설명을 듣고 익히는 방식은 매우 효과적이다. 특히 영어 에세이를 써 보는 경험

● 초등 Grammar Inside   ● Essential Grammar in Use   ● Grammar Inside Level 1

● English Grammar in Use   ● 중학영문법 3800제

● The Story of the World

은 문법에 더 신경 쓰게 만들고, 어휘력 향상의 필요성도 느끼게 해 준다. 책이나 신문을 읽고 독서토론, 시사토론 모임을 갖는다. 인종문제, 환경문제 등 소설 속 이슈나 신문 속 시사문제와 관련한 에세이를 쓴다. 『The Story of the World 세계 역사 이야기』 같은 본격적인 역사책을 읽을 수 있다.

8세~12세, 배우기 위한 독서 시기   **Reading to Learn**

"늘 손에 가지고 다니는 영어책이 있나요?"

중학교에 들어가 내신 영어·입시 영어를 시작하기 전 마지막으로 영어독서에 몰입할 수 있는 시기이다. 이때 영어 읽기 레벨을 5점대로 올려 놓아야 중고등학교 시기 단어, 문법, 독해연습, 고전 읽기 등을 하면서 영어실력을 향상시키고 읽기 레벨을 6~7점대로 상승시킬 수 있다. 지금까지 쌓은 독서에 대한 즐거움과 영어 읽기 능력을 이용해 문해력, 사고력, 표현력을 높일 수 있는 통합적인 영어교육 활동을 진행하자.

이 시기 체크리스트는 다음과 같다. 아이가 좋아하는 장르, 책, 작가들이 있는지 상기해 보고 빈칸에 직접 써 넣어 보자. 즐겨 보는 영어 동영상은 무엇인지도 점검해 보자.

☐ 좋아하는 챕터북 시리즈가 2~3개 있어서 즐겨 읽었으며, 좋아하는 스타일이나 장르의 책이 있다.

챕터북 시리즈 :

장르 :

□ 뉴베리 수상작을 여러 권 읽었으며, 좋아하는 책이나 작가가 있다.

책 제목 :

작가 :

□ 좋아하는 영어 애니메이션과 영화가 있다.

동영상 제목 :

□ 좋아하는 책이나 재미있게 시청한 영화의 줄거리를 영어로 말할 수 있다.

□ 3~5개의 문단으로 구성된 영문 에세이를 다양한 어휘와 문법에 맞게 쓸 수 있다.

바이올렛존

고전 단계

11세/초6~18세/고3

전략적 독서 시기,
고전 읽기로 내실을 다져요

중고등 영어독서: 전략적으로 읽기

고전 읽기는 보통 중고등학교 시기에 집중되며, 이 시기는 대입을 위한 학습과도 맞물려 있다. 따라서 독서도 입시에 도움이 되는 방향으로 전략적으로 접근할 필요가 있다. 진로와 전공에 도움이 되는 책, 수능 영어에 도움이 되는 책, 내신에 도움이 되는 책들 위주로 읽는 것이다. 이런 점에서 이 시기를 '미래를 위한 독서 시기'라고 부를 수 있다.

어린 시절 읽었던 고전 명작 중에서 축약되지 않은 원작 unabridged으로 다시 읽고 싶은 작품이 있다면, 바로 이 시기에 도

전해 볼 수 있다. 우리나라 중고등학생들이 한 번쯤 읽어 볼 만한
필독서 101권을 아래와 같이 정리해 보았다.

이 목록은 미국 AP English Literature and Composition 시
험의 빈출 작품과 국내 사립 고등학교 필독서 등을 바탕으로 구
성한 중고등학생용 영어독서 리스트이다. 이 목록을 참고해 아이
의 관심사와 진로, 전공 분야에 맞는 책을 골라 읽도록 하자.

리스트를 살펴 보면 읽기 수준은 다양하지만, 흥미 수준은
모두 Upper Grades(UG, 9~12학년)에 해당한다(표시된 세 작품 제외).
MG+(Middle Grades Plus)는 6학년 이상에게 적합한 책이다. 순서대
로 읽지 말고, 관심이 가는 작품부터 시작해 독서의 가지를 뻗어
나가야 하는 점에 주의하자.

[표4] 중고등학생용 영어독서 리스트

No.	Book Level	Title	Author
1	4.0	The Color Purple	Alice Walker
2	4.4	The Sun Also Rises	Ernest Hemingway
3	4.4	The Sound and the Fury	William Faulkner
4	4.5	Of Mice and Men	John Steinbeck
5	4.5	The House On Mango Street	Sandra Cisneros
6	4.7	The Catcher in the Rye	J. D. Salinger
7	4.7	The Outsiders	S. E. Hinton
8	4.8	Night	Elie Wiesel
9	4.9	The Grapes of Wrath	John Steinbeck

No.	Book Level	Title	Author
10	4.9	The Crucible	Arthur Miller
11	5.0	Lord of the Flies	William Golding
12	5.0	Song of Solomon	Toni Morrison
13	5.1	The Book Thief	Markus Zusak
14	5.2	Antigone	Sophocles
15	5.2	The Kite Runner	Khaled Hosseini
16	5.2	Fahrenheit 451	Ray Bradbury
17	5.3	The Glass Menagerie	Tennessee Williams
18	5.4	Waiting for Godot	Samuel Beckett
19	5.4	As I Lay Dying	William Faulkner
20	5.4	The Chocolate War	Robert Cormier
21	5.6	To Kill a Mockingbird	Harper Lee
22	5.6	Their Eyes Were Watching God	Zora Neale Hurston
23	5.6	Oedipus the King	Sophocles
24	5.7	A Streetcar Named Desire	Tennessee Williams
25	5.7	The Joy Luck Club	Amy Tan
26	5.8	For Whom the Bell Tolls	Ernest Hemingway
27	5.9	Angela's Ashes	Frank McCourt
28	6.0	A Farewell to Arms	Ernest Hemingway
29	6.0	Slaughterhouse-Five	Kurt Vonnegut
30	6.0	Beloved	Toni Morrison
31	6.1	Daddy-Long-Legs	Jean Webster
32	6.1	Native Son	Richard Wright
33	6.2	Things Fall Apart	Chinua Achebe

No.	Book Level	Title	Author
34	6.2	Death of a Salesman	Arthur Miller
35	6.2	One Flew Over the Cuckoo's Nest	Ken Kesey
36	6.4	The Da Vinci Code	Dan Brown
37	6.5(MG+)	The Diary of a Young Girl	Anne Frank
38	6.6(MG+)	Adventures of Huckleberry Finn	Mark Twain
39	6.6	The Hobbit	J. R. R. Tolkien
40	6.7	I Know Why the Caged Bird Sings	Maya Angelou
41	6.8	The Stranger	Albert Camus
42	6.8	The Good Earth	Pearl Buck
43	7.1	Catch-22	Joseph Heller
44	7.1	Gone with the Wind	Margaret Mitchell
45	7.1	Siddhartha	Herman Hesse
46	7.2	Invisible Man	Ralph Ellison
47	7.3	The Great Gatsby	F. Scott Fitzgerald
48	7.3	Candide	Voltaire
49	7.3	Animal Farm	George Orwell
50	7.4	Roots	Alex Haley
51	7.4	The Time Machine	H. G. Wells
52	7.7	A Passage to India	E. M. Forster
53	7.9	Jane Eyre	Charlotte Brontë
54	8.0	The Jungle	Upton Sinclair
55	8.1(MG+)	The Adventures of Tom Sawyer	Mark Twain
56	8.1	The Canterbury Tales	Geoffrey Chaucer
57	8.1	Madame Bovary	Gustave Flaubert

No.	Book Level	Title	Author
58	8.2	A Room of One's Own	Virginia Woolf
59	8.2	Dubliners	James Joyce
60	8.4	Othello	William Shakespeare
61	8.7	Crime and Punishment	Fyodor Dostoyevsky
62	8.7	A Portrait of the Artist as a Young Man	James Joyce
63	8.7	Walden	Henry David Thoreau
64	8.8	The Age of Innocence	Edith Wharton
65	8.8	King Lear	William Shakespeare
66	8.9	1984	George Orwell
67	9.0	Heart of Darkness	Joseph Conrad
68	9.0	The Tempest	William Shakespeare
69	9.1	Lord Jim	Joseph Conrad
70	9.2	Great Expectations	Charles Dickens
71	9.4	The Merchant of Venice	William Shakespeare
72	9.5	Strange Case of Dr Jekyll and Mr Hyde	Robert Louis Stevenson
73	9.6	The Portrait of a Lady	Henry James
74	9.6	Anna Karenina	Leo Tolstoy
75	9.7	A Tale of Two Cities	Charles Dickens
76	9.7	Silas Marner	George Eliot
77	9.7	Hidden Figures	Margot Lee Shetterly
78	9.8	Les Miserables	Victor Hugo
79	10.3	Moby Dick	Herman Melville

No.	Book Level	Title	Author
80	10.3	The Odyssey	Homer
81	10.5	A Brief History of Time	Stephen Hawking
82	10.5	Hamlet	William Shakespeare
83	10.6	Billy Budd	Herman Melville
84	10.9	A Midsummer Night's Dream	William Shakespeare
85	10.9	Macbeth	William Shakespeare
86	11.3	Oliver Twist	Charles Dickens
87	11.3	Wuthering Heights	Emily Brontë
88	11.3	The Iliad	Homer
89	11.7	The Scarlet Letter	Nathaniel Hawthorne
90	12.0	Pride and Prejudice	Jane Austen
91	12.0	The Last of the Mohicans	James Fenimore Cooper
92	12.3	Robinson Crusoe	Daniel Defoe
93	12.3	Collapse: How Societies Choose to Fail or Succeed	Jared Diamond
94	12.4	Frankenstein	Mary Shelley
95	12.6	Guns, Germs, and Steel	Jared Diamond
96	13.5	Gulliver's Travels	Jonathan Swift
97		What Is History	E. H. Carr
98		Sapiens: A Brief History of Humankind	Yuval Noah Harari
99		Justice: What's the Right Thing to Do?	Michael J. Sandel
100		The Selfish Gene	Richard Dawkins
101		Cosmos	Carl Sagan

고전 읽기뿐 아니라, 중고등학교 시기에는 영어교육 전반에 걸친 균형 있는 학습 전략이 필요하다. 특히 중학교 시기는 18년 중 영어 4대 영역이라 할 수 있는 듣기, 말하기, 읽기, 쓰기를 골고루 하면서 취향에 따른 영어독서도 계속 할 수 있는 마지막 시기이다. 이 시기에는 다음 세 가지에 주력하도록 한다.

중학교 시기 핵심 활동 세 가지

첫째, 무엇보다도 좋은 영어 내신 성적을 얻도록 노력한다. 영어책을 아무리 즐겨 읽어도 영어 성적이 잘 안 나오면 영어에 대한 흥미를 잃거나 고등학교 입시에서 불이익을 당할 수 있다. 따라서 학교에서 진행하는 영어수업에 반드시 충실해야 한다. 사용하는 교과서와 자습서를 숙지하고 시험에 필요한 모든 준비를 철저히 하여 좋은 영어 성적을 확보하도록 한다.

둘째, 중학교 시기에는 영어 문법과 어휘를 탄탄히 다져 놓고, 수능 영어 준비를 위해 독해 실력 향상에도 신경을 쓴다. 국내 대학 입시를 목표로 한다면, 중학교 시기에 영문법을 완전히 정리해 두어야 한다. 고등학교에 가서는 필요한 문법을 다시 한번 확인만 해도 될 정도로 숙지해 놓는 것이 좋다.

어휘책을 이용해 영단어 실력도 확장해 놓는다. 독해집을 풀면서 문법과 어휘를 다져 보는 것도 좋은 방법이다. 고등학교 수능 모의평가 듣기 및 독해문제들을 풀면서 수능 맛보기를 해 놓아도 학습 방향을 잡는데 도움이 될 것이다. 고등학교 1학년 모의평가 문제를 이용한다. 기출문제는 EBS 홈페이지에 수록되어 있다.

셋째, 영어책 읽기를 계속한다. 소설, 비소설, 영미문학, 인문학, 사회과학, 고전 등 취향에 따른 영어책 독서를 이어 간다. 한 달에 한 권 또는 방학을 이용해 한 권씩 읽어도 좋다. 책을 읽은 후에는 3~5문단의 독후감을 쓰고, 녹음도 해 본다.

고등학교 시기는 대학 입시를 위해 영어 내신과 수능 영어를 확실히 하면서 전공 관련 도서나 입시에서 활용 가능한 도서를 중심으로 읽고, 학교생활기록부에 기재할 수 있는 독서 활동을 계획적으로 수행하면 좋다. 다음 세 가지를 중심으로 대입을 위해 총력을 다한다.

고등학교 시기 핵심 활동 세 가지

첫째, 좋은 영어 내신 성적을 확보하기 위해 최선을 다한다. 대학 입시에 고등학교 영어 성적이 반영되며, 내신 영어를 위한 공부가 수능 영어에도 도움이 되므로 학교 영어 시험을 철저히 준비한다.

둘째, 듣기와 독해로 구성되어 있는 수능 영어를 준비한다. 문제 유형을 철저히 파악하여 취약한 유형을 공략하는 등 전략적으로 준비한다. 어휘를 확장하고 문법을 마무리한다.

셋째, 전략적인 영어독서를 진행한다. 관심분야뿐 아니라 입시에 필요한 영어책을 읽는다. 학교생활기록부에 유용하게 기재될 수 있는 전공관련 독서를 진행한다. 필요하다면 영어 디베이트 훈련에 참가하거나, 영어로 논문을 작성하는 과정 academic writing 을 진행할 수 있다.

4

18년 영어교육

총정리

: 재미의 1단계부터 미래 독서의 5단계까지, 영어교육의 전체 그림

지금까지 살펴본 OK 잉글리시 매트릭스 상세일정을 반영하여 OK Zone을 다섯 시기로 나누면 대략 다음과 같다.

첫 번째, 재미를 위한 독서 시기 _Reading for Fun

첫 번째 시기는 초등학교 입학 전, 즉 출생부터 한글을 읽기 전까지의 시기로, 파닉스 라인 Phonics Line 이전 단계이다. 파닉스 라인은 파닉스 학습을 시작할 수 있는 나이로 보통 만 5~6세에 해당한다. 첫 번째 시기에는 한글책이든 영어책이든 누군가 읽어주거나, 음원을 통해 들을 수 있어야 한다. 중요한 건, 책 읽기가 학습이 아니라 놀이처럼 느껴져야 한다는 점이다. 그래서 이 시기를 '재미를 위한 독서 Reading for Fun'로 이름 붙였다.

두 번째, 영어 읽기 학습 시기 _Learning to Read

두 번째 시기는 파닉스 라인을 지나 독서의 목적과 방법이 전환점을 맞이하는 초등 3~4학년 무렵까지로 본다. 이 시기에는 한글 읽기를 연습하듯 영어 읽기를 연습하며, 본격적으로 파닉스를 학습하게 된다. 영어책도 내용이나 흥미보다는 읽기 연습에 초

[매트릭스5] 18년 영어교육 시기 구분표

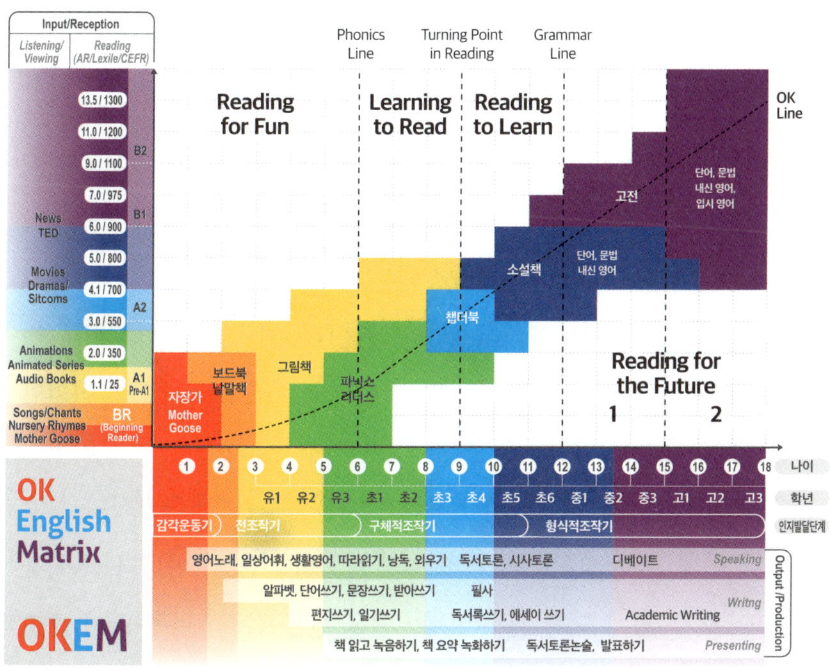

점을 두며, 리더스 위주의 독서를 하게 된다. 그래서 두 번째 시기는 '읽기 학습 Learning to Read' 시기이다. 리더스를 지나면서 영어 읽기에 익숙해지고 점차 재미와 흥미를 끌 수 있는 챕터북을 다독하면서 큰 노력 없이 자연스럽게 글을 읽을 수 있게 되는 '독서 유창성'을 키워 가게 된다. 이 과정을 통해 아이는 더 이상 글자에만 집중하는 것이 아니라, 책의 내용, 작가의 의도, 등장인물, 사건, 배경 등에 주목하며 문해력을 키워 가는 단계로 발전하게 된다.

우리나라 영어교육의 문제점은 이미 언급했듯이 많은 학생들이 두 번째 시기 이후 세 번째 시기로 제대로 넘어가지 못한 채 영어 단어와 문법 중심의 학습, 즉 입시 영어로 전환한다는 점이다. 그 원인 중 하나는 첫 번째 시기인 '재미를 위한 독서'를 충분히 즐기지 않아, 아이들이 독서에 대한 호감과 관심이 부족하다는 것에 있다. '읽기 학습' 단계에서는 새로운 언어를 읽을 수 있게 되었다는 자부심으로 간신히 독서를 이어가지만, 그 이후 독서를 통해 지식을 넓히고 생각을 키우는 즐거움, 즉 '배우기 위한 독서' 단계로 발전하지 못하는 경우가 많다.

이런 문제를 해결하기 위해서는 다음 두 가지가 중요하다.

첫째, '영어교육은 파닉스부터' 시작하는 것이 아니라, 영어를 읽을 수 있게 되기 전부터 영어책을 한글책처럼 자주 읽어 주고 들려주는 습관이 필요하다. 스스로 영어를 읽을 수 있게 되기 전부터 영어책에 대한 호감을 갖고, 기승전결 같은 이야기 구조를 이해할 수 있도록 도와 주는 것이 중요하다.

둘째, 영어 읽기가 가능해지고 초등 고학년이 되었더라도, 주변에서 입시 영어로 전환한다고 해서 흔들리지 말고, 초등 6학년까지는 독서를 꾸준히 이어 가도록 해야 한다. 그래야 아이는 진정한 책읽기의 즐거움을 경험할 수 있다.

세 번째, 배우기 위한 독서 시기 _Reading to Learn

드디어 '읽기 학습' 단계를 지나 세 번째 시기, 즉 '배우기 위한 독서' 시기로 접어든다. 이때 아이들은 뛰어난 아동문학 작품에 수여되는 뉴베리상 수상작들을 읽기 시작한다. 이 작품들은 낮게는 AR 3점대부터, 주로 4~5점대에 포진해 있다. 이처럼 뛰어난 문학 작품들을 읽으며, 아이들은 피가 되고 살이 되는 진정한 독서법, 즉 글자가 아닌 내용의 맥락, 주제, 인물과 사건, 작가의 의도를 파악하며 깊이 있는 독서를 하게 된다. 문해력과 사고력, 감수성까지 성장하는 시기이다.

지금까지 살펴본 첫 번째 시기부터 세 번째 시기 동안 해야 할 일들 Things To Do, TTD을 표로 정리하면 다음과 같다.

시기/ TTD	0~5세/ Reading for Fun	5~9세/ Learning to Read	8~12세/ Reading to Learn
1	영어 듣기	영어 디지털북 읽기	영어책 읽기
2	영어책 읽기	영어 종이책 읽기	영어 듣기 및 보기
3	영어 말하기	영어 동영상 보기	영어 말하기
4	단어카드, 알파벳카드 활용	파닉스 학습	영어 쓰기
5	영어 활동 참여	영어 활동 참여	영어독서토론

표를 보면 영어 듣기, 읽기, 말하기, 쓰기 등 기본이 되는 활동 이외에 시기별로 특별한 활동들이 있다. 처음 단계에서는 단어카드를 이용하고, 한글을 읽을 수 있게 되면 영어 파닉스 학습에 중점을 두며, 본격적인 영어책 읽기에 돌입한 이후에는 영어독서토론 활동에 참여하는 것이다. 무엇보다 중요한 것은 아이의 인지 발달단계에 맞춰 민감하게 관찰하며 적절한 교육 방향을 정하는 것이다

네 번째·다섯 번째, 미래를 위한 독서 시기 _Reading for the Future

중고등학교 시기에 해당하는 네 번째와 다섯 번째 시기는 '미래를 위한 독서'로 구분할 수 있다. 이 시기에는 아무리 영어책 읽기를 잘하고 좋아하더라도, 우선은 시험에서 점수를 잘 받는 것이 중요하다. 아무리 축구를 잘하고 싶어 기초 체력을 기르고

볼 컨트롤을 연습하더라도, 시합을 위해서는 결국 골을 넣는 연습이 중요한 것과 같은 이치다. 중고등학교 시기에 해야 할 영어교육 활동을 표로 정리해 보았다.

시기/ TTD	11~15세/ Reading for the Future 1	15~18세/ Reading for the Future 2
1	내신 영어	내신 영어
2	문법·어휘 학습, 독해 연습	입시 영어
3	영어책 읽기	전략적 독서

영어교육 상담을 하다 보면 "하루에 몇 시간씩 노출해야 하나요?", "책은 몇 권 읽어야 하나요?" 등을 궁금해하는 경우가 많다. 이전 책 『내 아이 영어교육 이렇게 하면 끝』에서는 '1만 시간의 법칙'에 기반하여 1만 시간의 영어노출을 위해 시기별로 몇 시간씩 영어교육을 실시해야 하는지 계산해 보기도 했다.

하지만 노출시간보다 더 중요한 것은 '꾸준함'이다. 매일 꾸준히 영어책과 영어 듣기 및 보기를 진행하고 있는지를 살피면 된다. 시간은 매일 한 시간 정도 하고 있다면 뿌듯해 해도 된다. 영어교육의 방향이 막막하게 느껴질 때, 앞서 소개한 'OK 잉글리시 매트릭스 상세일정'를 수시로 펼쳐 보며 참고하기 바란다.

Ok
EnGLiSh
Matrix

3부

부모들이 가장 궁금해하는 핵심 Q&A 12가지

우리 아이들만 각종 시험을 보게 할 것이 아니라, 우리 학부모
님들도 자녀의 영어교육과 관련한 아래 문제들을 풀어 보는 기회
를 가지자. 모두가 1등급이 되는 그날을 꿈꾸며 파이팅!

1. 자녀 영어교육은 언제 시작하는 것이 좋은가?

① 태어나면서부터

② 아이가 영어에 흥미를 가질 때

2. 영어유치원 다녀야 할까?

① 영어유치원은 명문대 진학을 위한 첫 단추이므로 반드시 다니
   도록 한다.

② 유치원 시기는 주로 전조작기에 해당하므로 그림책 읽기와 놀
   이를 통한 자연스러운 영어 노출이 있으면 충분하다.

3. 파닉스는 언제 시작하는 것이 좋은가?

① 자녀 영어교육의 시작은 파닉스로!

② 한글을 읽을 수 있고, 문자와 소리의 관계를 이해할 수 있으며,
   영어 읽기에 관심을 가지기 시작할 때

4. 영어문법 공부는 언제 시작하는 것이 좋은가?

① 아이가 영어 문장을 만들기 어려워하면 문법을 몰라서 그러는 것이므로 자녀의 나이와 상관없이 영어문법을 먼저 가르친다.

② 초등학교 4학년 정도까지는 실제 문장을 먼저 접한 후 문법적인 요소를 설명해 주고, 초5 이상 형식적 조작기에 들어섰다고 생각되면 영어문법책으로 영문법을 정리해 준다.

5. 언제부터 학습형, 내신형, 입시형 영어 공부를 시작하는 것이 좋은가?

① 중학교에 들어가면 어차피 단어와 문법 공부를 많이 하고 영어책 읽을 시간이 거의 없으니 초6까지는 영어책을 읽자.

② 영어책만 읽다가 중학교 들어가면 문법 문제도 못 풀고, 어휘도 부족할 수 있으니 늦어도 초등학교 4학년 말에는 학습 영어, 입시 영어로 전환하자.

6. 초등학생 때는 어떤 영어 학원에 다녀야 할까?

① 영어독서 실력을 키우는 학원

② 영어 어휘, 문법, 독해뿐 아니라 미국 교과서와 생활영어까지 가르치는 학원

7. 아이가 이미 중학생일 경우에는 어떻게 하는가?

① 시험기간이 다가오면 영어책보다 영어 내신성적 향상을 위해 노력한다.

② 시험기간이 다가와도 영어책 읽기와 동영상을 통한 영어듣기에 신경 쓴다.

8. 엄마가 영어 발음이 안 좋거나 영어책을 잘 못 읽으면 어떻게 할까?

① 아이가 잘못된 발음을 익힐 수 있으므로 오디오북이나 원어민이 읽어 주는 유튜브 방송을 이용하여 들려준다.

② 엄마가 들려주는 영어 발음은 아이가 듣는 영어 소리에서 매우 적은 비중을 차지하며, 아이는 결국 정확한 발음을 습득하게 되어 있으므로, 아이와 책 읽는 시간을 통해 좋은 관계를 맺는 것에 초점을 두고 발음과 상관없이 꼭 껴안고 읽어 준다.

9. 영어영상 노출 시 한글 자막을 반드시 꺼야 하는가?

① 한글 자막을 켜 놓고 영어로 듣다 보면 뜻을 이해하면서 영어를 듣게 되는 효과가 있으므로 굳이 한글 자막을 끌 필요 없다.

② 한글 자막을 켜 놓으면 영어를 듣는 청각보다 한글을 읽는 시각이 더 활발하게 작동하여 영어 듣기가 거의 되지 않으므로 한글 자막은 반드시 끄는 것을 목표로 한다.

10. 영어 말하기와 쓰기 등 영어 아웃풋 실력을 키우려면?

① 넘치도록 채우면 자연스럽게 아웃풋이 나오므로 영어 듣기와
　 읽기에만 신경 쓴다.

② 영어 듣기와 읽기뿐 아니라 인지발달단계와 시기에 맞는 영어
　 말하기와 쓰기를 할 수 있도록 이끈다.

11. AI 시대에 영어 공부에 이렇게까지 매달릴 필요가 있을까?

① AI 시대에 영어는 더욱 중요해지므로 영어 공부를 열심히 해야
　 한다.

② AI가 통번역을 다 해 주는 시대이므로 영어 공부의 필요성은
　 쇠퇴할 것이다.

12. 해외 캠프나 조기유학이 꼭 필요할까?

① 현지에서의 영어교육이 최고다.

② 독서를 하지 않으면 현지에 있어도 소용없다.

자녀 영어교육은 언제 시작하는 것이 좋은가?

① 아이가 태어나면서부터

② 아이가 영어에 흥미를 가질 때부터

1번부터 킬러문항이지 않았을까? 자녀의 영어교육은 모국어를 익히듯, 양치질을 시키듯 태어나면서부터 시작하도록 한다. 아이가 영어에 흥미를 갖기를 기다리는 것은 마치 양치질을 하고 싶을 때까지 기다리는 것과 같다. 대부분의 아이는 좀처럼 흥미를 갖지 않거나 간혹 중고등학교 들어가서는 도리어 "왜 어릴 때 영어 안 시켜줬느냐"고 부모를 원망할 수도 있다. 마치 양치질을 제대로 하지 않아 고등학생이 임플란트를 해야 하는 상황과 비슷하다고나 할까.

아이가 영어에 흥미를 보이기 시작했다면, 그때가 출발선이 아니라 가속도를 붙여야 할 때이다. 예를 들어, 초등학교 3학년에

영어 정규수업이 시작되어 아이가 영어에 관심을 갖는다면, 이때
는 영어책 읽기, 동영상 보기, 파닉스 학습 등을 동시에 시작하여
영어교육에 가속도를 붙여야 한다. 물 들어오니 노를 저어야 할
때이다.

음악을 들어 본 아이와 한 번도 들어 보지 않은 아이 중 누가
피아노를 더 쉽게 받아들일까? 공을 가지고 놀아 본 아이와 공
을 만져 본 적도 없는 아이 중 누가 축구를 더 잘할까? 영어 소
리와 영어책에 익숙한 아이와 그렇지 않은 아이 중 누가 영어를
더 자연스럽게 받아들일 수 있을까? 답은 명백하다. 아이가 영어
를 쉽게 받아들이려면 평소에 영어 환경을 경험해 본 적이 있어
야 한다.

다만 한 가지 주의할 점이 있다. 자녀의 인지발달단계를 무시
한 채, 한글도 읽지 못하는 아이에게 영어 읽기부터 가르치려고
하면 안된다. 초등 전까지는 'Reading for Fun'을 기억하고 매일
아이를 꼭 껴안고 영어책을 읽어 주는 것이 가장 좋은 영어교육
이다.

어떻게 보면 자녀 영어교육은 항상 '지금부터' 시작하는 것이
맞다고 볼 수도 있다. 지금이 제일 빠른 시기이니 지금부터 아이
의 인지발달단계에 맞는 영어교육을 진행해야 한다.

나는 중학교 1학년 때 알파벳과 'Good morning'을 배우기 시

작한 세대이다. 영어교육 좌표로 표시해 보면 (12/중1, 1.1) 정도라고 할 수 있다. OKEM 상 B Zone에 속하며 요즘으로 치면 거의 '영포자'에 해당한다. 그럴지라도 시작해야 한다. 영어는 삶의 어느 순간에도 시작할 수 있다.

정답 ①번

❶ 기다림보다 습관 - 흥미를 기다리지 말고 양치질처럼 영어 노출을 일상화하자.

❷ 출발보다 가속 - 흥미가 생겼다면 영어책·파닉스·영상으로 속도를 높이자.

❸ 단계보다 관계 - 조기교육보다 매일 함께 껴안고 영어책을 읽는 시간을 만들자

영어유치원에
꼭 다녀야 할까?

① 영어유치원은 명문대 진학을 위한 첫 단추이므로 반드시 다니도록 한다.

② 유치원 시기는 주로 전조작기에 해당하므로 그림책 읽기와 놀이를 통한 자연스러운 영어 노출이 있으면 충분하다.

영어유치원은 주로 만 3~5세, 전조작기에 해당하는 아이들을 대상으로 하는 영어 학원이다. 영어유치원에서는 무엇을 할까? 원래는 영어그림책을 많이 읽어 주어야 하는 아이들을 대상으로 영어 읽기인 파닉스를 가르친다. 그림책 읽어 주기나 영어로 놀기도 하지만 아이가 영어를 읽을 줄 알게 되는 것이야말로 가장 눈에 띄는 성과이기 때문이다.

하지만, 이 시기 파닉스 학습은 아이가 거의 소화하지 못할 수 있고 아이는 '영어를 읽을 줄 알아야 한다'라는 부담감을 느낄 수 있다. 부모 역시 '아이가 이제 영어를 읽을 줄 알겠지'라는 착각을 가지고 초등학교에 보낼 수 있다.

나 역시 아이가 만 5세, 유치원 졸업반일 때 파닉스 책을 구해 아이에게 파닉스를 가르쳐 보았다. 이미 영어책과 소리에 익숙했기에 금방 배울 거라 생각했다. 아이에게도 엄청 쉽다고, 금방 끝낼 수 있다고 호언장담을 하며 안심시켰다. 그리고 단자음부터 시작해 문제를 냈다.

"다음 중 첫소리가 다른 단어 하나 골라 봐."

그리고 천천히 정성 들여 발음을 해 주었다.

"브브버그bug, 드드도그dog, 브브배트bat."

아이는 고르지 못했다. 첫소리가 뭔지, '브브', '드드'는 뭔지 모르는 듯했다. '버', '도', '배'는 다 다른 것이 아닌가 하고 생각하는 것 같기도 했다. 아이는 아직 전조작기에 있었고, 한글도 잘 읽지 못했으며, 소리와 철자를 조작하여 첫소리, 끝소리, 모음 등을 분리해 내거나 합성하지 못했다.

전조작기 아이들은 같은 양의 물도 그릇의 모양이 다르면 물의 양도 달라졌다고 믿는 시기다. 그런 아이에게 문자 원리를 가르치는 것은 아이가 이해할 수 없는 개념을 억지로 주입하는 것과 같다. 물론 어떤 영어유치원은 놀이학교의 개념으로 영어로 열심히 놀아 주는 곳도 있다. 아이들은 영어로 간단한 대화를 할 수 있고, 감탄사도 영어로 내뱉으며, 서로를 영어이름으로 부르기도 한다. 영어회화를 할 수 있으니 소정의 목표를 달성했다고 만족

할 수도 있다.

그러나 영어유치원을 졸업하고 초등학교에 들어간 후, 이런 아이들 중 상당수가 '리딩이 약하다'는 문제에 부딪힌다. 그동안 '영어로 말하기'는 많이 했지만, 영어책을 꾸준히 읽는 습관이 자리잡지 못했기 때문이다. 결국 중요한 것은 '영어유치원을 다녔느냐'가 아니라 '영어독서를 지속하느냐'이다.

다음 OKEM은 영어유치원을 나왔으나 영어독서 실력을 계속 키우지 않은 경우의 예시이다. 영어유치원에서 파닉스를 배우고 리더스를 읽어 초등학교 들어갈 때 챕터북에 입문할 수준에까지 이르렀다고 가정해 보자.

초기 챕터북을 읽는 정도의 수준으로 본다면 이 학생의 영어교육 좌표는 (초1, 2.5) 정도로 볼 수 있다. 그러나 초등 이후 영어가 너무 싫어져 영어책 읽기나 영어 공부를 전혀 하지 않는다고 가정한다면 이 학생의 영어 읽기 수준은 초6이 되어도 4점대를 벗어나기 힘들 수 있다. 반면 영어유치원에 다니지 않았더라도 꾸준히 영어독서를 이어가면 충분히 도달할 수 있는 실력이다.

영어유치원에서 가르치는 내용은 인지발달단계에 맞지 않을 뿐더러 정서적으로도 맞지 않을 수 있다. 유치원 시기에 파닉스를 배우고 리더스북을 많이 읽어 영어 읽기가 자유로워졌다고 하

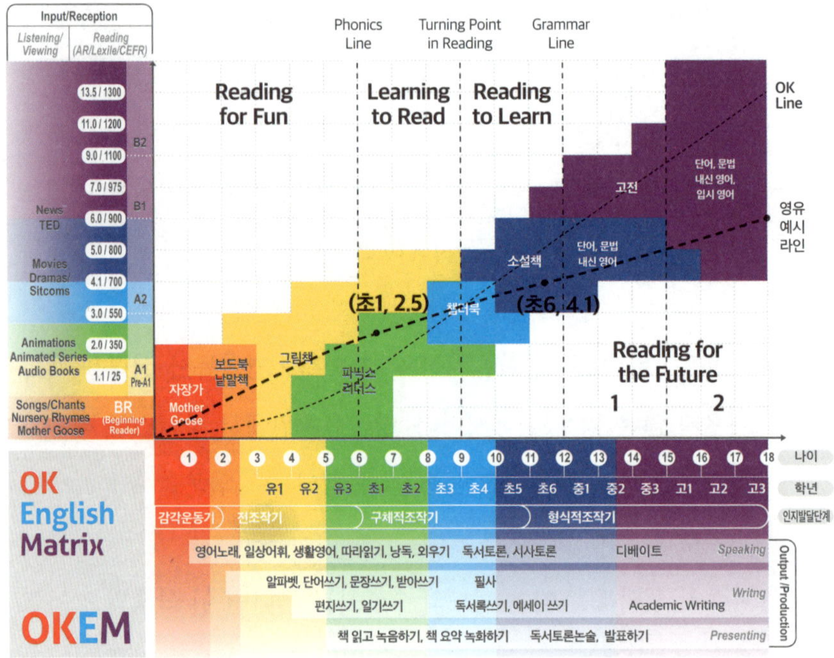

여 챕터북과 소설을 읽기 시작하면 정서적으로 맞지 않아 영어책 읽기를 멈추는 경우가 발생할 수 있다.

챕터북의 주인공들은 대부분 초등 1~3학년이 많아서 학교생활 이야기에 공감할 수 없는 유치원생에게는 내용이 낯설고 흥미를 느끼기 어렵다. 챕터북이나 소설을 학원에서 강압적으로 읽으라고 하니 어쩔 수 없이 읽더라도 공감할 수 없는 이야기들 때문에 책 읽기의 즐거움을 잃을 수 있다. 챕터북이 아니라 미국 교과서라도 가르치게 되면 사태는 더 심각해진다 (미국 교과서와 관련한 내용은 Q6에서 자세히 설명했다).

이 시기 아이에게 가장 중요한 것은 영어보다 평생을 붙잡고 살아가는 힘이 되는 정서적 안정감이다. 감정의 뇌인 변연계가 발달해야 이성의 뇌인 전두엽이 건강하게 발달할 수 있다. '감정'이라는 속이 차오르지 않은 상태에서 '이성'을 강요하면 자존감도 정체성도 심지어 자신감도 다 잃을 수 있다.

발달단계에 맞지 않는 영어교육은 하지 말자. 아이를 품에 안고 그림책을 함께 읽고, 영어로 즐겁게 놀아 주며 친밀감과 믿음을 만들어 가자. 아이에게 영어에 대한 긍정적인 감정을 먼저 심어 주는 것이 영어교육의 출발선이어야 한다.

정답 ②번

❶ 조기교육보다 발달단계 - 한글도 읽지 못하는 시기에는 파닉스보다 그림책과 놀이로 영어를 익히자.

❷ 읽기보다 관계 - 영어를 잘 읽게 하는 것보다, 품에 안고 함께 영어그림책을 읽는 경험이 먼저다.

❸ 학원보다 정서 - 영어유치원보다 감정의 안정과 자존감을 키워 주는 환경이 진짜 영어교육의 출발점이다.

Q3 파닉스는 언제 시작하는 것이 좋은가?

① 자녀 영어교육의 시작은 파닉스로!
② 한글을 읽을 수 있고, 문자와 소리의 관계를 이해할 수 있으며, 영어 읽기에 관심을
   가지기 시작할 때

많은 부모님들이 자녀의 영어교육을 '파닉스'로 시작해야 한다고 생각하지만, 사실 파닉스는 영어교육의 출발점이 아니라 일정 수준의 언어 경험이 쌓인 뒤 시작해야 하는 단계다.

한 외국인이 한국어를 배워 음식점에 가서 '삼겹살', '가브리살'을 또박또박 읽을 수는 있지만, 그 뜻을 전혀 모른다면 어떨까? 영어책 읽기와 영어 듣기를 통해 음성어휘가 충분히 쌓이지 않은 아이에게 파닉스를 먼저 가르치는 것은 이와 똑같은 상황이다.

문자해독은 하는데 뜻은 이해하지 못하는 것은 진정한 읽기라고 할 수 없다. 즉, 글자는 읽지만 뜻은 모르는 상태가 되는 것이다. 이런 아이들은 책을 읽어도 재미를 느끼지 못해, 리더스북 이

후 독서를 이어가지 못하는 경우가 많다.

따라서 파닉스는 아이가 한글을 읽을 수 있고, 문자와 소리의 관계를 이해하며, 영어에 대한 흥미와 호기심이 생기기 시작했을 때, 즉 구체적 조작기에 들어선 이후에 시작하는 것이 좋다. 그 이전에는 영어책을 즐겁게 읽어 주고, 노래와 동요, 영상 등을 통해 영어 소리에 친숙해지는 경험이 먼저다.

파닉스는 출발점이 아니라, 이미 알고 있는 소리를 문자와 연결하는 다리 역할을 한다. 아이의 뇌가 준비되었을 때 그 다리를 놓아 주면, 비로소 영어 읽기의 세계가 안정적으로 열리게 된다(파닉스를 시작하기 전에 체크해야 할 조건과 파닉스 학습법은 130쪽에 자세히 설명했다).

정답 ②번

✔ **실천 가이드**

❶ 출발은 노출부터 - 영어교육의 시작은 파닉스가 아니라, 듣기와 읽기를 통한 자연스러운 노출이다.

❷ 의미 있는 읽기 - 글자를 읽기보다, 들은 단어의 뜻을 알고 문맥 속에서 이해하도록 돕자.

❸ 시기보다 준비도 - 한글을 읽고 문자 - 소리의 관계를 이해할 때, 그때가 파닉스를 시작할 적기다.

영어문법 공부,
언제 시작하는 것이 좋은가?

① 아이가 영어문장을 만들기 어려워하면 문법을 몰라서 그러는 것이므로 자녀의 나이와 상관없이 영어문법을 먼저 가르쳐준다.

② 초등학교 4학년 정도까지는 실제 문장을 먼저 접한 후 문법적인 요소를 설명해 주고, 초5 이상 형식적 조작기에 들어섰다고 생각되면 영어문법책으로 영문법을 정리해 준다.

많은 부모님들이 아이가 영어 문장을 잘 만들지 못하면 문법을 몰라서 그렇다고 생각한다. 그래서 나이에 상관없이 문법부터 가르쳐야 한다고 믿는 경우가 많다. 그러나 영문법은 아이의 인지 발달단계가 준비되었을 때, '정리'의 도구로 배우는 것이지 출발점이 되어서는 안 된다.

예를 들어 다음 문장을 영어로 말해 보자.

- "너 지금 뭐 해?"-"나 책 읽고 있어."
- "너 런던에 가 본 적 있니?" -"아니, 없어."
- "나는 어제 엄마랑 시장에 갔었어."

위 문장들을 영어로 어떻게 말해야 할지 전혀 감을 못 잡는다면 현재진행형, 과거형, 현재완료형 등의 시제를 포함한 영문법을 설명할 수 없다.

"'be동사 + ~ing'는 현재진행형이라고 해. 주어 I의 현재형 be동사는 am이야. 그래서 '나는 책을 읽고 있는 중이야'라는 현재진행형의 문장은 'I am reading a book'이라고 할 수 있어. '나는 노래를 하고 있는 중이야'를 한번 만들어 봐."

아이들은 절대로 이렇게 영어 문법을 배우고 영어 문장을 만들 수 없다. 항상 구체적인 문장을 먼저 접한 후 문법을 깨달아야 한다.

아동의 인지발달단계를 이해하면 올바른 자녀 영어교육에 대해서도 어느 정도 판단할 수 있다. 예를 들어, 한글도 읽지 못하는 전조작기에 있는 4세 아동에게 영어 파닉스 교육을 시키면 아동은 이해하지 못한다. 또 구체적 조작기에 있는 7세 아동은 구체적인 영어 듣기와 읽기 노출 없이 영문법 학습을 통해서는 영어 문장을 만들어 내지 못한다. 7세 아동은 아직 구체적인 문장을 많이 접하면서 학습해야 하는 시기이기 때문이다.

초등 시기에는 단어와 문법을 따로 외우기보다, 영어책을 읽으며 문장 속에서 자연스럽게 익히는 것이 가장 효과적이다. 문장을 영어로 말할 수 있을 때 문법적인 요소들을 정리할 수 있다. 체계적인 영어 문법 공부는 영어소설책을 읽을 수 있는 초6 또는 중1에 시작해도 늦지 않다.

정답 ②번

✓ 실천 가이드

❶ 문법보다 문장 - 문법은 구체적인 문장을 통해 발견하는 규칙이다.
❷ 설명보다 경험 - 규칙을 말로 배우기보다, 실제 문장을 보고 들으며 익혀야 한다.
❸ 학습보다 노출 - 문법 공부보다 영어책, 노래, 영상 속 문장에 자주 노출시키자.

Q5

언제부터 학습형, 내신형, 입시형 영어 공부를 시작하는 것이 좋은가?

① 중학교에 들어가면 단어와 문법을 주로 하고 영어책을 읽을 시간이 없으니 초6까지 영어책을 읽자.

② 영어책만 읽다가 중학교에 들어가면 문법 문제도 못 풀고, 어휘도 부족할 수 있으니 늦어도 초등학교 4학년 말에는 학습 영어, 입시 영어로 전환하자.

초등 고학년이 되면 부모들은 이런 조언을 자주 듣는다.

"이제는 영어책보다는 문법과 단어 공부로 넘어가야죠."

"중학교 가면 공부할 시간 없어요. 지금부터 내신 영어로 전환하세요."

하지만 나는 그 반대편에 서고 싶다. 중학교 전까지는 영어책이 '주식'이고, 단어책과 독해집은 '간식'이다. 초등 6학년까지는 영어소설을 읽으며 진짜 영어를 몸에 쌓는 시간이 되어야 한다.

영어 읽기 연습을 위한 책인 리더스 이후, 챕터북과 소설로 넘어가지 못하고 독해집이나 학습서로 전환하는 경우가 많다. 진도가 잘 나가지 않는 호흡이 긴 책을 붙잡고 있는 것보다는 몇 문제 풀고도 성취감을 느낄 수 있는 학습서를 선호하는 것이다. 하지만 독해서의 지문은 대부분 짧고 단편적이라 기승전결을 따라가는 힘이나 인물·사건·배경에 대한 이해가 어려워 진정한 문해력을 키울 수 없다.

독해서로는 영어 문장의 감각을 키우기 힘들다. 진짜 영어독서는 영어의 리듬과 사고방식을 체화하게 한다. 영어책 속 인물의 감정선과 사건 전개를 따라가면서, 문법과 어휘는 자연스럽게 이야기 속 문맥 속에서 습득할 수 있다.

문해력도 키울 수 없는 독해서로 독서하지 말고, 예술작품과 같은 영어책으로 초6까지 독서하여 AR 5점대를 찍자. 그 이후 단어, 문법을 공부해도 늦지 않는다. 하지만 그 반대는 어렵다. 초4 때부터 단어와 문법, 짧은 독해 위주의 공부에만 집중하면, 중학생이 되었을 때 긴 호흡의 책을 읽으며 진정한 문해력을 기르기에는 시간도 실력도 부족할 수 있다.

영어소설도 즐겨 읽는 읽기 레벨 AR 5점대인 중학생과 파닉스와 리더스 이후 독해집과 어휘집으로 공부하여 영어 읽기 레벨이 챕터북 수준인 AR 3점대인 중학생 중 누가 수능에서 높은 점수를 받을 수 있겠는가?

중학교에 들어가면 6년 동안 하게 될 단어·문법 공부를 초4에 시작하지 말고, 초6까지 영어소설을 즐겨 읽게 하자. 영어책은 주식이고, 단어책과 독해집은 간식이다. 간식은 방학 때나 특식으로 먹고, 초등 6학년까지는 영어책 읽기라는 주식으로 탄탄한 언어 근육을 만들어 주자.

정답 ①번

❶ 책은 주식, 문제집은 간식 - 초등 6학년까지는 영어책 읽기에 주력하고, 단어·문법 학습은 보조로 하자.
❷ 속도보다 긴 호흡 - 짧고 단편적인 독해집보다 긴 이야기의 흐름을 따라가며 문해력을 키우자.
❸ 과정의 순서 지키기 - 먼저 영어책으로 언어감각을 쌓고, 그다음 문법과 어휘를 정리하자.

Q6 초등학생 때는 어떤 영어 학원에 다녀야 할까?

① 영어독서 실력을 키우는 학원

② 영어 어휘, 문법, 독해뿐 아니라 미국 교과서와 생활영어까지 가르치는 학원

영어실력은 국어실력과 마찬가지로 독서실력에 달려 있다고 해도 과언이 아니다. 하지만 영어유치원이나 학원, 심지어 학교 공교육에서의 영어교육은 독서교육보다는 생활영어 실력 향상에 중점을 두고 있다.

주로 코스북course book 또는 교과서를 이용하여 주어진 주제에 따라 자기 소개하기부터 어렵게는 환경문제인 '지구온난화global warming'에 대해 의견 나누기 등을 진행하면서 중요한 문법 몇 개를 다루고 관련 어휘를 암기하는 정도로 진행한다.

이것으로는 진정한 언어 실력, 즉 '듣거나 읽은 내용을 이해하고 파악한 후 사전 배경지식과 결합하여 자신의 생각과 의견

을 종합적으로 말하거나 쓸 수 있는 실력'을 키우기에는 역부족이다.

코스북 등으로 생활영어만 가르치는 학원도 안 될 뿐더러 미국 교과서만 가르치는 학원도 안 된다. 많은 유명 영어 학원들이 미국 교과서를 가지고 수업을 한다.

나는 미국 교과서를 가지고 영어를 가르치는 학원에 대해 매우 회의적이다. 제대로 된 국어교육은 막상 교과서를 가지고 하는 수업이 아니다. 교과서는 단편적이고 재미가 없다. 아이의 관심사를 따라가지 않고 학습해야 할 주제를 교과서에서 일방적으로 제시한다. 아이는 자신의 관심사를 따라가며 깊이 몰입하는 경험이 필요하다.

앞에서도 한번 언급했듯이, 영훈국제중에서는 국어시간에도 영어시간에도 교과서를 가지고 수업하지 않았다. 국어시간에는 한 학기에 여덟 권의 작품을 읽고 글을 쓰며 발표하고 토론했다. 영어시간에는 한 학기에 한 권씩 총 여섯 권의 영어책을 읽었다. 아래와 같은 책을 순서대로, 챕터별로 읽었다.

『Charlotte's Web샬롯의 거미줄』(AR 4.4, Newbery Honor) → 『Bridge to Terabithia비밀의 숲 테라비시아』(4.6, Newbery Medal) → 『The Outsiders 아웃사이더』(4.7) → 『The Giver 기억 전달자』(5.7, Newbery Medal) → 『The Little Prince 어린 왕자』(5.0) → 『The Alchemist 연금

책을 다 읽고 난 후에는 토론하고 시험을 본다. 시험은 단어에서부터 에세이 쓰기까지 여러 유형에 걸쳐 출제된다. 국어든 영어든 토막 난 교재가 아니라 작품 전체를 긴 호흡으로 읽고 생각하고 토론하는 경험이 필요하다. 이것이 진짜 언어의 힘을 길러주는 길이다. 그런 의미에서 미국 교과서로 수업하는 영어 학원에는 되도록 보내지 말자.

영어 문법과 어휘도 초등학생 때는 학습서가 아니라 영어책을 통해 익혀야 한다. 어휘는 문맥 속에서 배워야 제대로 익힐 수 있다.

내 아이는 '영어 단어 — 한글뜻' 만으로 단어를 외우지 않았다. 고3 때는 SAT나 TOEFL 등 대부분의 학원들이 '영어 단어-한글뜻' 리스트를 주고 하루 50개씩 시험을 보곤 하는데, 아이는 한 번도 그런 시험을 위해 공부한 적이 없다. 늘 영어 단어, 예문, 영문 뜻 등을 살피고 비슷한 말synonym과 반대말antonym을 찾아가며 공부했다. 발음도 반드시 들어 보고 따라하며 반복 연습해야 한다. 영문법은 주로 구체적 조작기에 속하는 초등학생 때는 구체적인 영어문장을 통해 익혀야 한다. 가장 좋은 영문법 학습 방법은 책읽기와 글쓰기이다.

결론은 분명하다. 초등학생 때는 어휘, 문법을 맥락 없이 가르치고 독해집으로 해석과 문제풀이를 연습시키는 학원은 지양해야 한다. 미국 교과서나 생활영어만 가르치는 학원도 답이 아니다. 진정한 영어 실력은 영어책을 통해 사고하고 표현하는 능력에서 나온다.

정답 ①번

❶ 문제집보다 책 — 단어·문법 문제집보다 한 권의 영어책이 더 높은 실력을 만든다.
❷ 교과서보다 작품 — 정해진 주제보다 아이가 몰입할 수 있는 이야기가 언어 감각을 키운다.
❸ 암기보다 이해 — 외우는 공부보다 문맥 속에서 뜻을 스스로 깨닫게 하자.

Q7 아이가 이미 중학생일 경우는 어떻게 하는가?

① 시험기간이 다가오면 영어책보다 영어 내신성적 향상을 위해 노력한다.

② 시험기간이 다가와도 영어책 읽기와 동영상을 통한 영어듣기에 신경 쓴다.

우리나라 중고등학생들은 주의해야 할 것이 하나 있다. 학기 중에는 영어책만 읽지 말고, 반드시 영어시험 준비와 공부를 해야 한다는 것이다. 왜냐하면, 영어점수가 잘 나와야 영어 공부에 대한 호감이 떨어지지 않기 때문이다. 영어를 싫어하지 않아야 방학 중에라도 영어책을 읽고 싶은 마음이 생긴다. 결국 내신 관리가 영어독서를 지탱하는 동력인 셈이다. 중고등학생들은 좋은 영어점수 확보를 1차 목표로 해야 한다.

물론 초등학생 때 영어를 시작하지 못한 아이도 있다. 예비 중1에 영어를 처음 배우는 경우라면, 급한 마음에 아이를 영어 단어를 많이 외우고, 문법 위주로 가르치는 학원에 보낼 수 있다. 그래야 중학교 영어에 적응할 수 있다고 생각되기 때문이다.

그러나 현실은 정반대다. 아이는 영어를 싫어하게 되고, 영어도 제대로 읽지 못하는 상태로 중학교에 입학하게 될 수가 있다. 초6에 처음 영어를 시작하게 되더라도 중학교에 들어가기 전까지는 조금이라도 더 영어를 듣고 읽을 수 있도록 해야 한다.

초6이라면 다행히 아직 늦지 않았다. 이 시기 아이들은 인지발달단계 상 형식적 조작기에 들어섰기 때문에, 파닉스, 리더스, 그림책, 챕터북을 동시에 병행할 수 있다. 사실상 초6은 파닉스와 리더스를 단기간에 끝낼 수 있다. 좋아하는 영어 동영상과 책을 함께 즐기며 중학교 입학 전 AR 3점대 수준까지 올라갈 수 있다. 그렇게 한 후 중학교에서 단어와 문법 공부를 해도 늦지 않는다.

하지만 만일 자녀가 이미 중학생이나 고등학생이라면, 우선순위를 정해야 한다. 영어 노출, 영어 동영상 보기, 영어 원서 읽기보다 가장 먼저 영어 내신 점수에 신경을 써야 한다. 필요하다면 내신 전문 학원에 다녀서라도 영어 내신 점수를 올려 놓고, 방학을 이용해 문법과 단어를 정리하고, 좋아하는 영화나 책으로 영어 듣기·읽기를 이어 가면 된다.

다만 영어에 대한 전반적인 실력이 충분히 넓고 깊지 않기 때문에, 어느 시점에는 수능 영어와 내신 영어 성적 향상에 한계를 느끼게 될 수 있다. 이 때문에 어릴 때부터 영어 실력의 저변을 확대해 놓을 필요가 있다.

축구에 비유하자면, 볼 컨트롤과 기초체력이 없으면 프리킥이나 패널티킥은 아무리 연습해도 완벽해지지 않는다. 중학생의 영어 공부는 이미 '경기 중'이다. 하지만 경기 중에도 체력훈련은 병행해야 한다. 점수를 잡고 동시에 언어의 기초 체력을 다지는 것. 그것이 중학생 영어교육의 핵심이다.

정답 ①번

❶ 시험기간엔 무조건 내신에 집중하자.
❷ 방학엔 영어책과 동영상으로 언어 감각을 되살리자.
❸ 기초 체력을 키우는 영어가 더 오래 간다.

Q8

엄마가 영어 발음이 안 좋거나 영어 책을 잘 못 읽으면 어떻게 할까?

① 아이가 잘못된 발음을 익힐 수 있으므로 오디오북이나 원어민이 읽어 주는 유튜브 방송을 이용하여 들려준다.

② 엄마가 들려주는 영어 발음은 아이가 듣는 영어 소리에서 매우 적은 비중을 차지하며, 아이는 결국 정확한 발음을 습득하게 되어 있으므로, 아이와 책 읽는 시간을 통해 좋은 관계를 맺는 것에 초점을 두고 발음과 상관없이 꼭 껴안고 읽어 준다.

많은 부모들이 영어책을 읽어 줄 때 이런 걱정을 한다.

"내 발음이 틀리면 아이가 잘못 배울까 봐 걱정돼요."

하지만 결론부터 말하자면, 전혀 걱정할 필요 없다.

아이와 영어책을 읽는 시간은 한글책을 읽어 주는 것과 마찬가지로 즐겁게 책을 읽는 시간 자체가 중요하다. 아이에게 영어책을 읽어 주는 시간은 발음을 교정하는 시간이 아니라, 사랑을 전하고 언어의 즐거움을 나누는 시간이기 때문이다. 아이의 영어 발음은 엄마의 발음에서 배우는 것이 아니라, 영어 노출의 양과 질 - 오디오북, 영상, 원어민 소리 등 - 에서 형성된다. 엄마의 발음이 조금 어색하더라도 아이는 자연스럽게 정확한 영어 소리를 구분하고, 스스로 교정할 능력을 키워 간다.

　나에게도 발음 에피소드가 몇 가지 있다. 아이가 초등 4학년 때 영어책을 있어 줬다(『고양이 전사들』의 원서인 『Warriors』였는지 정확히 기억나지는 않는다). 책을 읽어 주던 중, 'wounded soldier'라는 구절을 '운디드 솔져'라고 읽었더니 아이가 진지한 표정으로 물었다. "엄마, 왜 운디드라고 읽어?" 아이 말로는 '운디드'가 아니라 '워운디드'에 가깝다는 것이다. 아이는 내가 읽어 주는 영어의 양보다 훨씬 많은 영어 동영상과 원어민 소리에 노출되어 있으므로 나름대로 영어발음을 습득한 것이다.

　'both A and B'를 한번 발음해 보자. 『성문종합영어』로 영어 공부를 한 사람으로서 매우 익숙한 숙어 표현이다. '보스 에이 앤 비'. 한번은 both를 발음하는데 아이가 또 나를 보며 "엄마 왜 both를 보스라고 해?" 'both'는 '보우쓰'에 가깝다고 정정해 주었다.

　한편으로는 요즘은 원어민 발음이라는 개념이 희미해지고 있다. 나라마다 고유의 영어발음을 드러내는 것이 정체성으로 존중받는 추세이기도 하다.

　엄마의 발음은 조금 서툴러도 괜찮다. 아이의 영어 실력은 '청출어람 청어람'(靑出於藍 靑於藍, 푸른색 염료는 쪽에서 얻은 것이지만 쪽보다 푸르

다는 뜻으로 제자가 스승보다 나음을 비유)이 될 것이니 마음껏 영어책을 읽

어 주자.

정답 ②번

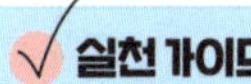 **실천 가이드**

❶ 발음보다 함께 읽는 즐거움을 우선하자.
❷ 오디오북·영상·노래로 원어민 소리를 자연스럽게 들려주자.
❸ 완벽하지 않아도 괜찮다 — 아이는 언젠가 당신보다 더 잘하게 된다.

Q9 영어영상 노출 시 한글 자막을 반드시 꺼야 하는가?

① 한글 자막을 켜 놓고 영어로 듣다 보면 뜻을 이해하면서 영어를 듣게 되는 효과가 있으므로 굳이 한글 자막을 끌 필요 없다.

② 한글 자막을 켜 놓으면 영어를 듣는 청각보다 한글을 읽는 시각이 더 활발하게 작동하여 영어 듣기가 거의 되지 않으므로 한글 자막은 반드시 끄는 것을 목표로 한다.

많은 부모들이 묻는다.

"영어 영상 볼 때 한글 자막을 꺼야 하나요?"

사실 대부분의 가정에서는 영어 동영상을 볼 때 한글 자막을 켜 놓는 경우가 많다. 하지만 이때 뇌는 이미 '읽기 모드'로 전환된다.

이를 '그림 우월성 효과 picture superiority effect'라고 부른다. 뇌의 신경세포인 뉴런 중 약 30%는 시각 정보를 처리하는 데 쓰이고, 촉각은 8%, 청각은 고작 3% 정도만 사용된다고 한다[1]. 이 때문에

1. 『내 아이를 위한 엄마의 뇌 공부』, 이에스더 지음, 시대인 펴냄, 2022.

자막을 켜 놓고 본다는 건, 그림 우월성 효과에 따라 읽어서 이해하는 것이 대부분을 차지하고 청각은 거의 활성화되지 않아 듣기실력은 거의 늘지 않는다는 것을 의미한다. 따라서 한글 자막은 반드시 끄고 영어로만 시청하는 것을 목표로 해야 한다.

이 책에서는 '원래 그런 것'으로 받아들일 수 있도록 처음부터 동영상은 영어로만 시청할 것을 강조했다. 하지만 여러 가지 사정과 이유로 아이가 이미 우리말 동영상에 익숙해 영어로만 동영상 보기를 거부할 수 있다. 그럴 경우에는 아래와 같은 방법을 동원해 결국은 자막 없이 영어로만 동영상을 시청할 수 있도록 이끌어야 한다.

먼저, 재미있게 본 한국어 영상을 영어로 시청하게 할 수 있다. 항상 아이의 관심사를 관찰하다가 재미있는 한국어 영상이 영어로도 있음을 알려 주고 한국어 한번, 영어 한번 식으로 타협을 보다가 결국에는 영어로만 시청할 수 있도록 인도한다.

둘째, 영어가 너무 빠르거나 어려운 영상은 부담이 된다. 아이 수준보다 살짝 쉬운 콘텐츠로 시작할 수 있도록 이끈다. 쉬운 영상을 영어로 이해하다 보면 점점 영어로 시청하고 있다는 사실을 잊고 자연스럽게 듣기 실력이 향상될 수 있다.

셋째, 아이에게 통하는 당근이나 채찍은 부모가 제일 잘 안다. 부모도 함께 자막 없이 시청하며 "우리 둘 다 모르는 단어 나왔

네!" 하고 웃어 보자. 아이는 이때를 '영어 공부'가 아니라 '부모와 함께한 시간'으로 기억한다.

정답 ②번

❶ 어려운 내용을 한글 자막과 함께 보는 것보다 쉬운 내용을 무자막으로 보는 게 낫다.

❷ 익숙한 영상으로 자신감을 주고, 쉬운 영상으로 성공 경험을 쌓게 하자.

❸ 자막을 끄는 건 '듣기 훈련'이 아니라 '두려움을 끄는 일'이다.

영어 적기교육의 비밀

Q10 영어 말하기와 쓰기 등 영어 아웃풋 실력을 키우려면?

① 넘치도록 채우면 자연스럽게 아웃풋이 나오므로 영어 듣기와 읽기에만 신경 쓴다.

② 영어 듣기와 읽기뿐 아니라 인지발달단계와 시기에 맞는 영어 말하기와 쓰기를 할 수 있도록 이끈다.

예전엔 영어를 입 밖으로 내는 일이 쉽지 않았다. 한국어를 모국어로 쓰는 우리나라 환경에서 영어 말하기는 기회를 찾기 힘들고 비용도 많이 드는 매우 하기 힘든 활동이었다. 하지만 지금은 다르다. 세계어가 된 영어와 AI와 같은 기술의 발달로 우리나라에서도 아이들이 영어를 써 볼 기회는 많아졌다. 영어 듣기와 읽기뿐 아니라 아이의 연령과 시기에 맞는 영어 아웃풋을 할 수 있도록 이끌어 주자.

OK 잉글리시 매트릭스에는 나이와 인지발달단계에 따른 영어 표현Production 영역의 발달과정이 일목요연하게 정리되어 있다. 먼저 영어 말하기는 아이가 음성어휘를 사용할 수 있을 때부터 연습할 수 있다. 'Good morning', 'I love you', 'Big hug' 등의 단순한 말들이 모두 첫 번째 영어 아웃풋이다. 영어 노래도 같이 시작할 수 있다. 처음에는 영어동요를 부르다가 영어 OST를 따라 부르고 팝송까지 부르는 것도 영어 말하기 연습이다. 요즘 아이돌 노래 중에도 영어 가사가 많으니 영어로 노래하는 건 더 이상 낯선 일이 아니다.

음성어휘를 이용한 생활영어 말하기 이후 영어책을 읽으면서 큰 소리로 읽기, 따라 읽기, 외우기로 발전한다. 점차 읽은 내용을 외워서 말하거나 요약해서 말해 보고, 영어독서토론 모임에 참여하여 영어로 토론하고 자신의 감상과 의견을 영어로 표현할 수 있게 된다. AI와 대화를 나누며 토론해 보는 것도 훌륭한 방법이다. AI는 웬만한 영어책 내용을 모두 알고 있다. 책 이야기를 나누는 친구로 삼기에도 충분하다.

영어 쓰기라고 하면 많은 부모가 "에세이를 써야 하나요?" 하고 부담을 느낀다. 하지만 시작은 단순해야 한다. 초기에는 알파벳 쓰기, 단어 따라 쓰기, 짧은 문장을 보고 쓰기 같은 연습을 4선 줄노트에 많이 해야 한다. 재미있게 읽은 책의 문장을 필사하는 것도 훌륭한 방법이다. 작가가 정성을 다해 창작한 글을 따라 써 보는 활동은 영어 어휘, 문법, 문체까지 습득할 수 있는 좋은 방법이다.

한글 쓰기의 발달과정과 비슷하게 초등학생 때는 영어로도 편지 쓰기, 일기쓰기, 독서록 쓰기를 열심히 한다. 차츰 '가족', '친구' 등 친숙한 소재와 주제에 대하여 세 문단 에세이 쓰기부터 시작하여, 사회적 이슈에 대한 자신의 의견을 피력하는 다섯 문단 에세이까지로 발전시킬 수 있다.

AI의 발달로 첨삭도 매우 쉬워졌다. 하지만 아이가 쓴 모든 영어 글들을 AI에게 첨삭 받을 필요는 없다. AI 시대에 인간으로서 AI와 차별되는 사고력을 키우려면 컴퓨터가 아니라 일기장이나 독서록에 손수 연필로 글을 써 보는 작업이 필요하다. 책을 많이 읽고, 많이 생각한 후에는 손으로 종이에 글을 쓰도록 이끌어 주자. 생각하는 힘은 손끝에서 나온다. 종이 위에 써 내려가는 과정이 사고력과 표현력을 깊게 만들어 준다.

또 아이가 말한 것을 녹음하거나 녹화하여 들어 보면 스스로 모니터링하는 효과를 볼 수 있다. 한 달에 한 번 정도 아이가 읽은 책이나 본 영화에 대해 발표자료를 만들고 감상을 공유하는 '발표의 날'을 만들어 보자. 생각을 말로 정리하고 표현하는 경험은 훌륭한 제시하기 활동이 될 것이다.

정답 ②번

✔ 실천 가이드

❶ 영어는 채우기(Input)와 내보내기(Output)가 함께 갈 수 있다.

❷ 말하기는 생활영어·노래·따라 읽기, 쓰기는 단어·문장·편지쓰기부터 시작하자.

❸ AI를 도구로 활용하되, 손글씨와 말하기로 사고력을 길러 주자.

AI 시대에 영어 공부에 매달릴 필요가 있을까?

① AI 시대에 영어는 더더욱 중요해지므로 영어 공부 열심히 해야 한다.

② AI가 통번역을 다 해주는 시대이므로 영어 공부의 필요는 쇠퇴할 것이다.

2026년에 초등학교에 입학하는 아이가 대학을 졸업하고 사회에 진출할 시기는 대략 2042년 이후가 될 것이다. 그때는 지금 보다 AI의 역할과 영향력이 훨씬 클 것이다. 현존하는 직업의 60% 이상이 없어지고 새로운 직종이 생길 것이라고 많은 전문가들이 예측한다. 현재 옳다고 생각하는 판단이 2042년에도 유효할까?

의대 진학 광풍이 불고 있는 지금, 2042년에도 의사가 안정적인 고소득 직업에 속할까? 한 가지 명확한 것은 최소한 지식 기반의 직업은 지금처럼 높은 가치를 인정받지 못할 것이란 사실이다. AI가 이미 인간의 모든 지식 영역을 능가했기 때문이다. 해당 직업이 없어지지는 않더라도 그 위상은 현격히 떨어질 것이다.

앞으로의 변화에 대응하여 우리 아이를 어떻게 교육할지가 혼란스럽다면, 무엇이 변하지 않을 것인지에 집중해야 한다. 교육 영역에서 무엇이 미래에도 중요한 요소로 인정될까?

결론부터 이야기하자면 우리 아이들은 독서하는 한 – 영 이중언어자가 되어야 한다. 여기서 이중언어자Bilingual는 단순히 영어를 할 줄 아는 사람이 아니라, 영어로 '생각'할 수 있는 사람을 말한다. 결국 영어독서를 통한 이중언어자로 성장해야 한다는 뜻이다. 그 이유와 근거는 다음 세 가지로 설명할 수 있다.

첫째, AI의 모국어는 영어다. AI는 데이터를 먹고 성장한다. 우리가 흔히 쓰는 ChatGPT는 어떤 언어로 된 데이터를 학습했을까? 영어 92.7%, 프랑스어, 독일어, 스페인어, 중국어, 러시아어, 일본어 등 기타 언어가 7.3%, 한국어는 0.016% 수준에 불과하다. 인터넷과 학술지 등 시중에 존재하는 고품질 정보의 대부분이 영어로 되어 있기 때문이다. 한국어 학습량은 0.1%에도 미치지 못하는데, ChatGPT가 웬만한 박사급보다 한국어를 더 잘 한다는 사실이 놀랍다.

하물며 AI의 영어 실력은 어떻겠는가? AI를 단순히 도구로 쓰는 사람이 될 것인지, AI를 이해하고 활용하고 조정할 수 있는 사람이 될 것인지는 영어 실력에 많은 영향을 받는다. AI의 언어를 이해하지 못한다면, AI의 도움을 받는 것이 아니라 AI의 결정에

의존하게 될 위험이 있다. AI에 종속되지 않고 높은 수준에서 AI를 이용하고 조정할 수 있으려면 영어를 더더욱 잘해야 한다.

둘째, AI가 모방하기 힘든 인간의 뇌가 있다. AI가 인간의 능력을 닮아 가는 이유는 인간 뇌의 신경망을 본 떠서 모델Foundation Model을 만들고 학습시켰기 때문이다. 하지만 아직까지 AI가 복제하지 못하는 부분이 있다. 인간의 뇌 중에 가장 나중에 발달하는 부분인 전전두엽Prefrontal Cortex의 능력은 AI가 완벽히 모방하지 못하고 있다.

전전두엽은 전두엽의 맨 앞 부분에 위치하여 우리 이마와 맞닿은 부분의 뇌다. 진화론적으로 보면 인간의 두개골은 이 부분을 담아내도록 모양이 발달했다. 그리고 동물의 뇌와 인간의 뇌가 구분되는 결정적인 부분이기도 하다. 뇌과학자들에 의하면, AI가 흉내는 낼 수 있을지라도 전전두엽이 담당하는 능력을 진정으로 갖추지는 못할 것으로 보고 있다.

전전두엽은 의사결정, 주의집중, 감정조절, 공감 및 도덕적 판단 등 인간의 고등 인지 기능을 담당하는 가장 중요한 부위이다. 문제해결을 위해 뇌 전체를 지휘하는 뇌의 CEO로 불리기도 한다. 왜Why?를 묻는 능력이 여기서 나오기 때문에 전전두엽이 담당하는 지능을 실존지능Existential Intelligence이라고도 한다. AI가 스스로 '나는 왜 존재하는가?'를 묻는 수준에 이르는 것과 비슷하다고 할 수 있다.

놀라운 점은, 여러 연구에서 이중언어자의 전전두엽이 단일언어 구사자보다 더 발달되어 있다는 사실을 보여 준다.[2] 그동안 이중언어자가 더 창의적이라는 주장이 있어 왔지만, 최근 들어 구체적으로 이중언어자의 전전두엽 발달과 연관된 논문들이 나오고 있는 것이다. 두 언어를 오가며 사고하고 표현하는 과정이 뇌의 실행 기능executive function을 더 깊고 유연하게 만드는 것이다. 결국 영어를 배운다는 건, 언어 하나를 더 배우는 것이 아니라 뇌를 더 단단하게 만드는 일이다.

셋째, 전전두엽을 활성화하는 최고의 학습 행위는 바로 독서이다. 몇 해 전 EBS에서 방영한 〈당신의 문해력〉에서는 같은 정보를 오디오로 들을 때, 동영상 강의로 볼 때, 그리고 글로 읽을 때의 전전두엽 활성화 정도를 비교한 실험을 했다[3]. 결과는 예상대로다. 글 〉 오디오 〉 동영상 순으로 전전두엽이 활성화되었다.

그리고 1년에 70권 이상의 독서를 하는 그룹과 1권 이하의 독서량을 보인 그룹에게 글로 된 정보를 읽게 했다. 독서를 많이 하

---

2. 참고 문헌: Gold, B., et al. "Lifelong bilingualism maintains neural efficiency for cognitive control in aging." *Journal of Neuroscience* 33(2)(2013): 387-396.; Kwon, Y. H., et al. "Predicting multilingual effects on executive function and individual connectomes in children: An ABCD study." *PNAS* 118(49)(2021): e2110811118.; Xie, S., et al. "An fNIRS examination of executive function in bilingual young children". *International Journal of Bilingualism* 25(3)(2021): 516-530.
3. OBELAB. (2021, 3, 25). *EBS '당신의 문해력' - 글 VS 오디오 VS 동영상 : 매체에 따라 우리 뇌는 어떻게 반응할까요?*. https://youtu.be/_ZJEc7TmvLs?si=isFwBfwxjlFKsc-q

는 그룹의 전전두엽이 훨씬 활발하게 작동함을 확인했고, 시험을 본 결과 91점 대 43점으로 두 배 이상의 큰 격차를 보였다[4]. 이 실험은 한 가지 사실을 보여 준다. 일타 강사의 강의보다 스스로 읽는 책 한 권이 더 큰 뇌의 변화를 만든다. 동영상 강의는 학생이 아니라 강사의 실력만 늘려 줄 뿐이다.

위 세 가지 사실을 종합한다면 어떤 결론에 이를까? AI가 모방할 수 없는 뇌의 CEO인 전전두엽을 발달시키는 독서와 이중언어 구사, 영어독서는 이러한 이중의 효과를 낸다. AI의 언어를 익히고, 동시에 인간의 뇌를 성장시키는 일. 이 두 개를 아우르는 영어독서가 답이다.

정답 ①번

✔ **실천 가이드**

❶ AI의 언어는 영어 - AI의 모국어는 영어다. 아이가 AI를 이용하는 사람이 되려면 영어로 사고하고 읽을 수 있어야 한다.
❷ 두뇌를 키우는 이중언어 - 영어는 과목이 아니라 사고의 확장이다. 이중언어는 전전두엽을 자극해 창의력과 판단력을 키운다.
❸ 영어 공부의 핵심은 독서 - 영상보다 책이 뇌를 더 깊게 훈련시킨다. 영어독서는 AI가 대신할 수 없는 인간의 사고력을 키운다.

---

4. OBELAB. (2021. 3. 18). *EBS '당신의 문해력' - 글을 읽을 때, 우리 뇌의 전전두엽은 어떻게 반응하고 있을까?*. https://youtu.be/SfR52lhAw2I?si=o_4zgj2RgQYfaLHe

해외캠프나 조기유학이
꼭 필요할까?

① 현지에서의 영어교육이 최고다.

② 독서를 하지 않으면 현지에 있어도 소용없다.

한때 초등시기 1년 정도 해외유학이 유행한 적이 있다. 지금도 방학 때 필리핀이나 뉴질랜드 등지로 단기 언어연수를 떠나기도 한다. 그런데 요즘은 1년 해외 어학연수가 주춤한 경향을 보인다. 왜 그럴까? 1년을 나갔다 와도 국내에서 꾸준히 영어 공부를 한 학생들과 별 차이가 없거나 더 뒤처지기도 하고, 설상가상으로 영어 이외의 다른 과목들이 뒤처져 국내 교육 과정에 적응하기 힘들어지는 상황이 발생하기도 하기 때문이다. 그 이유는 언어를 배우겠다고 현지에 나가서 빅스BICS만 키우고 캘프CALP에는 신경 쓰지 않았기 때문이다.

모국어와 영어를 포함한 외국어 학습에서, 일상적인 의사소통 능력인 BICS Basic Interpersonal Communicative Skills는 비교적 짧은 기간에 습득이 가능하다. 반면 학습과 사고에 필요한 언어 능력인 CALP Cognitive Academic Language Proficiency는 추상적이고 논리적인 사고를 요구하기 때문에 습득에 상당히 긴 시간이 필요하다.

캐나다 토론토 대학교의 짐 커민스 Jim Cummins 교수는 이러한 언어 발달의 구조를 '언어 상호의존성 가설 Linguistic Interdependence Hypothesis'로 설명하며, 이를 '빙산 모형 Iceberg Model of Bilingual Proficiency'으로 시각화 하였다. 커민스에 따르면 유창해 보이는 생활 언어인 BICS는 빙산 위에 드러난 일부분일 뿐이며, 실제로 학업과 전문적 능력을 좌우하는 CALP는 빙산 아래의 거대한 부분에 해당한다. 두 언어의 CALP는 공통적인 기반을 공유하기 때문에, 모국어로 발달한 CALP는 다른 언어의 학습에도 그대로 전이된다는 것이다.

다음은 BICS와 CALP의 주요 특징을 비교한 표이다.

[표7] BICS와 CALP의 주요 특징

구분	BICS Basic Interpersonal Communicative Skills	CALP Cognitive Academic Language Proficiency
의미	생활 언어	학문 언어
특징	표정이나 상황에 의존적	추상적, 논리적

습득 기간	약 2년	5~7년 또는 그 이상
예시	"How are you?" "I like dinosaurs!"	"Analyze the data and draw a conclusion." (자료를 분석하고 결론을 도출하시오.) "I think the Tyrannosaurus Rex was better than the Brachiosaurus because…" (나는 …한 이유로 티라노사우러스 렉스가 브라키오사우러스보다 더 우수했다고 생각한다.)
사용 환경	친구와의 대화, 일상생활	학교 수업, 학문적 과제

커민스의 빙산 모형을 도식화하면 다음과 같다.

[그림2] 커민스의 언어 상호의존성 빙산모형

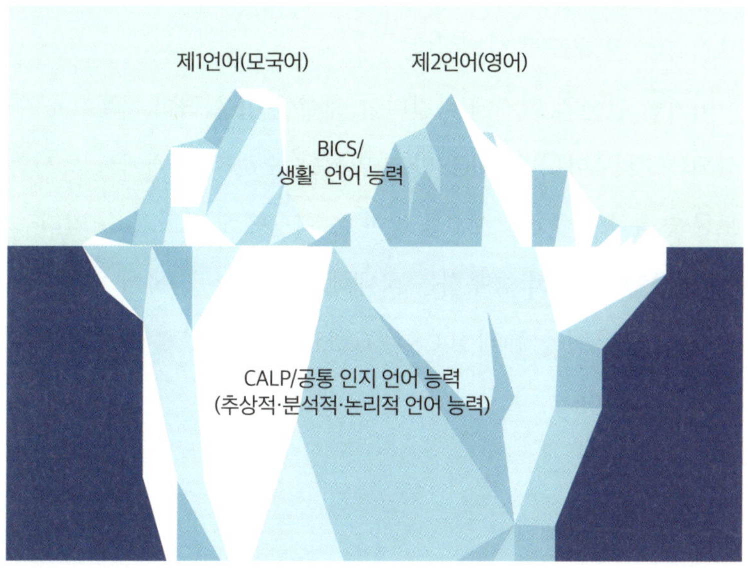

CALP가 자리하는 빙산의 아래쪽 거대한 구조는 언어 간 전이가 가능한 '공통 인지 언어 능력Common Underlying Language Proficiency'이다. 이 기반이 뛰어나게 발달한 인물들은 모국어가 아닌 언어 환경에서도 높은 성취를 보인다. 예를 들어, 반기문 전 유엔사무총장은 발음만을 기준으로 유창하지 않다고 오해받기도 하지만, 실제로는 풍부한 CALP를 바탕으로 세계 외교무대에서 탁월한 성과를 낸 인물이다. 미국 존스홉킨스 의대 지나영 교수 역시 한국에서 의대를 졸업한 '토종 한국인'임에도, 성인이 되어 미국에 건너가 원어민보다 높은 수준의 CALP로 두 나라에서 훌륭한 전문성을 발휘하고 있다. 이는 이미 높은 수준으로 발달한 모국어 CALP(의학 지식·논리력·추론 능력 등)가 그대로 영어 학업 능력으로 전이된 대표적 사례이다.

이처럼 단순히 현지에 나간다고 해서 언어 실력이 자동으로 향상되는 것은 아니다. BICS만 키워서는 오히려 국내에서 독서와 토론을 통해 꾸준히 CALP를 쌓아 온 학생에게 뒤처질 수 있다.

따라서 해외에서 공부하든 국내에서 공부하든, 독서·토론·논리적 사고 훈련을 통해 BICS와 CALP를 균형 있게 키우는 것이 가장 중요하다.

정답 ②번

❶ 언어 능력은 장소가 키우는 것이 아니라 사고가 키운다. 해외가 아닌 책상 위에서도, 대화 속에서도 CALP는 자란다.

❷ 모국어 사고력은 영어 실력으로 전이된다. 책 읽고 글 쓰는 힘이 곧 영어 사고력의 바탕이다.

❸ 유창함이 아니라 깊이가 목표 - 말만 잘하는 아이가 아니라 읽고 이해하고 설명하며 질문할 수 있는 아이가 진짜 강자다.

에필로그

'동창회 멤버가 세 번 바뀐다'라는 우스갯소리가 있다. 자녀가 대학에 입학할 때, 취직할 때, 그리고 결혼할 때가 그때라고 한다. 그만큼 이 세 시점은 한 사람의 인생에서 중요한 전환기라는 뜻일 것이다. 그런 의미에서 자녀의 대학 입학은 끝이 아니라 새로운 시작이다.

대학에 합격했는데도 여전히 힘들어하는 아이에게 나는 가끔 이런 농담을 하곤 한다.

"무덤에 들어갈 때까지 편할 날은 없어."

한 어르신께서는 이런 말씀도 하셨다.

"위인일 때 죽어야 위인이다."

살아있는 동안 어떤 성취를 이루었더라도 마지막까지 그 모습을 잃지 않아야 진정한 위인이라는 뜻일 것이다.

아이들의 인생은 18년으로 끝나지 않는다. 대학을 졸업하면 취직이 있고, 결혼이 있을 수 있으며, 그 이후에도 18년보다 훨씬 긴 삶이 이어진다. 그 긴 시간을 살아가는 데 중요한 것은 영어도, 수학도 아닐 것이다.

인생에서 가장 중요한 것은 '나와의 관계'와 '타인과의 관계'라고 생각한다. 나와 좋은 관계를 맺고 있다는 증거인 자존감, 그리고 타인 역시 믿고 의지할 수 있는 사람이라는 믿음을 갖고 있다면, 우리 아이들은 어떤 어려움과 난관이 와도 충분히 이겨낼 힘이 있다.

소중한 선물 같은 우리 아이들에게 오늘도 이렇게 응원해 주면 좋겠다.

"너는 특별한 존재야. 엄마 아빠는 너의 팬이란다."

오화진

대치동 학원 없이 아이비리그 보낸 18년 영어교육 바이블

영어 적기교육의 비밀

초판 1쇄 인쇄 **2025년 12월 09일**

초판 1쇄 발행 **2025년 12월 15일**

지은이 **오화진**

디자인 표지 **강경신** 본문 **박재원**

펴낸곳 **브리드북스** 펴낸이 **이여홍**

출판등록 제 2023-000116호(2023년 10월 11일)

주소 **서울시 마포구 토정로 222 306호**

이메일 breathebooks23@naver.com

ISBN 979-11-993566-4-1(03370)